THÉORIE PHYSIOLOGIQUE

D E

LA MUSIQUE

La notation ut_0, ut_1, ut_2 employée dans la présente traduction, correspond à la notation allemande. Pour revenir à la notation des physiciens français, il faut abaisser de 1 les indices positifs; ainsi $ut_2 = ut_1$ et $ut_3 = ut_2$, etc.

CORBEIL, — Typ. et stér. de CRÉTÉ FILS.

THÉORIE PHYSIOLOGIQUE

DE

LA MUSIQUE

FONDÉE SUR L'ÉTUDE

DES SENSATIONS AUDITIVES

PAR

H. HELMHOLTZ

PROFESSEUR A L'UNIVERSITÉ DE BERLIN, MEMBRE CORRESPONDANT DE L'INSTITUT

TRADUIT DE L'ALLEMAND

PAR

M. G. GUÉROULT

Ancien élève de l'École polytechnique, rédacteur en chef de l'*Opinion nationale*.

APPENDICE

TRADUIT D'APRÈS LA TROISIÈME ÉDITION ALLEMANDE

ET COMPRENANT

LES PLUS RÉCENTS TRAVAUX DE L'AUTEUR

PARIS

G. MASSON, ÉDITEUR

LIBRAIRE DE L'ACADÉMIE DE MÉDECINE

Place de l'École-de-Medecine, 17

1874

THÉORIE PHYSIOLOGIQUE

DE

LA MUSIQUE

APPENDICE

La troisième édition allemande de la *Théorie physiologique de la Musique*, revue et notablement augmentée par l'auteur, a paru vers le milieu de l'année 1870. Les modifications apportées à l'œuvre primitive, notamment en ce qui concerne l'appareil de l'audition, nous ont paru de nature à intéresser le public français. Aussitôt que les événements l'ont permis, c'est-à-dire plus d'un an après, nous avons entrepris la présente traduction, dont certaines circonstances spéciales sont encore venues retarder l'achèvement. Cependant, Helmholtz, ayant quitté la chaire de physiologie de l'Université de Heidelberg pour une chaire de physique à l'Université de Berlin, ses travaux ont pris une autre direction ; sauf une note de quelques lignes qu'il a bien voulu nous adresser au moment de mettre sous presse, il n'a rien ajouté à son livre depuis 1870. On peut donc considérer ce qui va suivre comme le dernier mot de cet éminent esprit, au moins pour le moment, sur les relations de la musique avec la physique et la physiologie. Nous avons pris la liberté, avec l'autorisation de l'auteur bien entendu, mais sous notre entière responsabilité, de joindre à cet appendice quelques travaux personnels, se rattachant directement aux questions traitées dans la *Théorie physiologique de la Musique*.

On trouvera enfin une table alphabétique des auteurs et des matières destinée à faciliter les recherches.

SECTION I

MODIFICATIONS APPORTÉES A LA DESCRIPTION ET A LA THÉORIE
DE L'OREILLE.

Voici comment Helmholtz résume cette partie, dans la préface de sa troisième édition.

« Dans le chapitre VI, dit-il, j'ai utilisé les travaux récents sur la physiologie et l'anatomie de l'oreille ; j'ai dû modifier d'abord l'hypothèse émise sur le rôle attribué aux arcs de Corti ; en second lieu, le mode particulier d'articulation entre le marteau et l'enclume apparaît comme ayant pour effet de donner naissance, dans l'oreille, à des harmoniques faibles correspondant à des sons objectivement simples, mais forts. En sorte que la série particulière des harmoniques, sur l'existence desquels repose essentiellement toute la présente théorie de la musique, prend une importance subjective indépendante des modifications extérieures du timbre. Pour l'explication des phénomènes anatomiques, on a ajouté une série de nouvelles gravures empruntées pour la plupart au manuel d'anatomie de Henle, avec l'agrément de l'auteur, auquel je renouvelle publiquement ici l'expression de ma gratitude. »

Page 167 de l'édition française, après la phrase « celle de la fenê-
« tre ovale, au contraire, est reliée à la membrane du tympan au
« moyen..., etc., » l'auteur poursuit en ces termes :

La figure 37 *bis* montre trois osselets dans leur disposition naturelle, avec un grossissement de quatre fois les dimensions linéaires ; ce sont le *marteau* M (malleus), l'*enclume* J (incus) et l'*étrier* S (stapes). Le premier est relié au tympan, le dernier à la membrane de la fenêtre ovale.

Le marteau, représenté isolément figure 38, présente à la partie supérieure une extrémité arrondie, la *tête, cp*, et à la partie inférieure, une portion plus mince, la *queue* ou le *manche, m* ; entre les deux vient un étranglement *c*, le *col* du marteau. A la partie postérieure de la *tête*, on trouve une surface d'articulation par le moyen de laquelle le marteau se relie à l'enclume. Au-dessous du col, au point où commence le manche, viennent en saillie deux *apophyses*, la *longue apophyse l*, ou le *processus folianus*, et la *courte apophyse b*. Ce n'est que chez les enfants que la *longue apophyse* est aussi longue que le montre le dessin ; chez les adultes, elle semble le plus souvent s'être résorbée sous forme d'un petit moignon. Elle est dirigée d'arrière en avant, et se trouve cachée dans l'ensemble des ligaments qui retiennent le marteau par devant. La *courte apophyse, b*, au contraire, est tournée vers le tympan, sur la portion supérieure

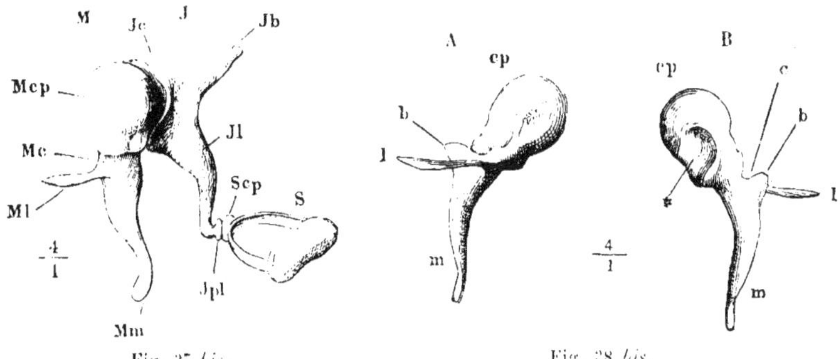

Fig. 37 *bis*.　　　　　Fig. 38 *bis*.

duquel elle empiète un peu. Depuis l'extrémité de cette apophyse *b* jusqu'au bout du manche *m*, le marteau est fixé à la partie supérieure du tympan, de telle sorte que l'extrémité du manche exerce sur la membrane du tympan une forte pression de dehors en dedans.

Les figures 39 et 40 montrent le marteau dans sa position naturelle, la première du dehors, la seconde du dedans, au point où le tympan est saisi. Le marteau est fixé le long de la marge supérieure du tympan au moyen d'un repli de la membrane muqueuse, dans l'in-

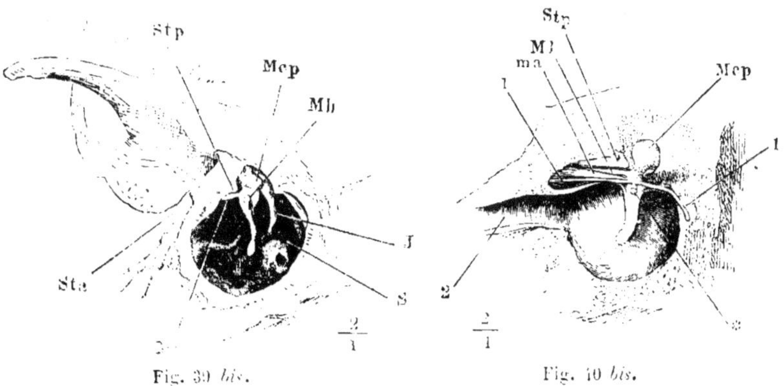

Fig. 39 *bis*.　　　　　Fig. 40 *bis*.

térieur de laquelle courent une série de fibres tendineuses assez tendues. Ces ligaments prennent naissance sur le marteau, suivant une ligne qui, partant du *processus folianus* (*fig.* 38 *l,*) et, passant par-dessus la portion étranglée du col, descend vers l'extrémité inférieure de la surface d'articulation avec l'enclume; chez les personnes âgées elle devient une saillie osseuse fortement prononcée; c'est à la partie antérieure et postérieure de cette ligne saillante, que correspond le *maximum de* tension et de force des ligaments. Le ligament antérieur, *ligamentum mallei anterius ma*, fig. 40), enveloppe le *processus folianus*, se relie d'un côté à une petite proéminence pointue (*stp*, fig. 39 et 40) de l'anneau tympanal osseux qui fait saillie vers le col du marteau, de l'autre au bord inférieur de cette proéminence, et vient en partie s'introduire dans une fissure osseuse descendant jusqu'à l'articulation de la mâchoire. La partie postérieure de la masse ligamenteuse précédemment décrite, est reliée à une rainure osseuse à bords tranchants, dirigée du tympan vers l'intérieur, et émergeant parallèlement à cette membrane, un peu au-dessus de l'ouverture par laquelle un groupe de nerfs, les *chorda tympani* (I, 1, fig. 40), pénètre dans l'os. Nous pouvons désigner ces dernières fibres sous le nom de *ligamentum mallei posterius*. La figure 39 montre le point d'attache de ce ligament comme une petite saillie du cercle du tympan, laquelle limite à droite la section *stp* de l'orifice du tympan (celle de gauche), précisément à l'endroit où l'on voit, dans la figure, la longue apophyse J de l'enclume. Les ligaments antérieurs et postérieurs, à eux deux, forment une sorte de corde tendineuse médiocrement tendue, autour de laquelle le marteau peut tourner comme autour d'un axe. Lors même qu'on éloignerait à dessein les deux autres osselets, sans rompre les ligaments précédemment décrits, le marteau resterait en place, bien que perdant un peu de sa fixité.

Les fibres moyennes de ces liens d'attache du marteau se dirigent de dedans en dehors contre le bord supérieur de la ceinture osseuse du tympan. Ils sont relativement courts, et on les a fort exactement désignés sous le nom de ligaments externes du marteau (*ligamentum mallei externum*). Comme ils émergent au-dessus de l'axe du marteau, ils empêchent toute rotation trop forte de la tête de dehors en dedans, et de l'axe de dedans en dehors, sur le tympan; ils s'opposent aussi à tout mouvement qui entraînerait l'axe ligamenteux vers le bas. Ils sont secondés encore dans cet office par un ligament (*ligamentum mallei superius*) qui, partant du *processus folianus*, vient s'insérer dans la fente étroite que laissent entre elles la tête du marteau et la paroi de la caisse, comme le montre la figure 40.

Il est encore à remarquer que, dans la partie supérieure du canal de la trompe d'Eustache, se trouve un muscle, le *muscle tenseur du tympan*, dont le tendon, traversant transversalement la cavité tympanique, vient en dedans s'insérer à la partie supérieure du manche du marteau (fig. 40). Il faut considérer ce muscle comme un lien élas-

tique, d'ordinaire médiocrement tendu, mais dont la tension peut
être considérablement accrue par l'innervation. Ce muscle a pour
fonction principale de tirer de dehors en dedans le manche du
marteau qui, à son tour, entraîne le tympan. Mais comme son attache
se trouve située au-dessous et tout près de l'axe ligamenteux, c'est
sur ce dernier que s'exerce principalement son action ; il en augmente
la tension, tout en le tirant un peu de dehors en dedans. Il y a lieu
de remarquer à ce propos qu'une force même faible, agissant sur
une corde médiocrement tendue, et inextensible comme l'axe du
marteau, pour la tirer de côté, peut en accroître la tension dans une
proportion très-considérable. C'est ce qui a lieu, grâce à la disposition ci-dessus décrite du muscle tenseur. Il faut remarquer encore
que, dans la vie, même à l'état de repos, hors de l'état d'innervation,
les muscles sont toujours tendus à la façon des corps élastiques, et agissent comme des cordons élastiques. L'innervation qui met le muscle
en contraction peut notablement
accroître cette tension, qui ne fait
pourtant jamais complétement défaut à la plupart des muscles.

L'*enclume*, représentée isolément figure 41, a un peu la forme
d'une dent molaire à deux racines,
dont la surface inférieure de la
couronne formerait l'articulation
(fig. 41) avec le marteau. Des deux

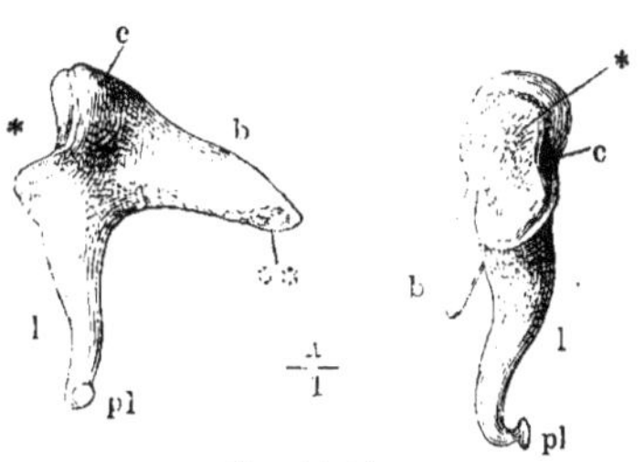

Fig. 41 *bis.*

racines quelque peu écartées de cette sorte de dent, l'une, celle placée
en haut et dirigée en arrière, est la *courte apophyse b* ; l'autre, plus
mince et dirigée vers le bas, s'appelle la *longue apophyse* de l'enclume.
Cette dernière porte à son extrémité une petite saillie formant l'articulation avec l'étrier. Par contre, l'extrémité de la courte apophyse de
l'enclume, au moyen d'un court ligament et d'une articulation à peine
formée, placés à sa surface inférieure, est reliée à la paroi inférieure de
la caisse, à l'endroit où celle-ci pénètre dans les cavités remplies d'air
des apophyses mamelonnées situées derrière l'oreille. L'articulation
entre le marteau et l'enclume est une surface courbe passablement
irrégulière, assez semblable à une selle. Quant à son action, on peut
la comparer à celle des clefs de montre dentelées (clefs Bréguet) qui
peuvent librement tourner sans résistance appréciable dans un certain sens, mais qui ne peuvent exécuter la moindre rotation en sens
inverse, parce que les dents viennent butter les unes contre les autres.
L'articulation du marteau avec l'enclume présente quelque chose d'a-
nalogue à ces dents, notamment à sa partie inférieure ; celle corres-

pondant au marteau est en dehors, appliquée au tympan, et celle de l'enclume en dedans; inversement, vers la partie supérieure de la surface courbe articulée, l'enclume tend plutôt à se mouvoir en dehors et le marteau en dedans. Il résulte de cette construction que, quand le marteau est tiré en dedans avec son manche, il fait corps avec l'enclume qu'il entraîne avec lui. Inversement, si le tympan est poussé en dehors avec le marteau, l'enclume n'a pas besoin de le suivre. Les dentelures des surfaces d'articulation cèdent et glissent les unes sur les autres avec un frottement très-faible. Cette disposition présente, avant tout, le très-grand avantage que l'étrier ne peut être arraché de la fenêtre ovale, quand la densité de l'air s'accroît notablement dans le conduit auditif. La pression du marteau qui pourrait résulter de l'accumulation de l'air dans le conduit auditif est de même sans danger, car elle est fortement amortie par la tension même du tympan qui prend alors la forme d'un cône (1).

Si, par suite d'un mouvement de déglutition, l'air pénètre dans la cavité du tympan, le contact cesse d'être complet entre le marteau et l'enclume. Dans ce cas, l'intensité des sons faibles des régions moyennes et aiguës de la gamme n'est pas sensiblement modifiée, tandis qu'on remarque un très-considérable affaiblissement dans les sons forts. Ceci peut s'expliquer de la manière suivante : l'adhésion des surfaces d'articulation suffit à transmettre un mouvement faible de l'un à l'autre des osselets, tandis que, pour de fortes secousses, elles peuvent, en glissant, se déplacer l'une sur l'autre, et ne peuvent par conséquent transmettre les mouvements dans leur intégrité.

A intensité égale, les sons graves sont affaiblis, parce qu'ils demandent toujours des mouvements plus prononcés pour devenir perceptibles.

J'examinerai plus bas, à propos des sons résultants, une autre conséquence fort importante de ce mode d'articulation du marteau et de l'enclume, au point de vue de la perception des sons.

Comme le point d'attache de l'extrémité de la courte apophyse de l'étrier se trouve notablement en dedans et au-dessus de l'axe ligamenteux du marteau, la tête du marteau s'éloigne de l'articulation de l'enclume avec la caisse, si le manche est entraîné en dedans avec

(1, Cette description du mouvement de la membrane du tympan, des osselets et de la fenêtre ronde pour les vibrations rapides des sons perceptibles, a été confirmée depuis par le Dr Albert Buck, de New-York. Sur des préparations anatomiques fraîches, où toutes les liaisons des osselets étaient intactes et où la membrane du tympan seule avait été enlevée, il a associé le conduit auditif externe avec des tuyaux d'orgue et observé au microscope les oscillations d'un grain d'amidon fortement éclairé qu'il avait fixé aux osselets. Il pouvait ainsi déterminer la direction et l'amplitude de l'oscillation des osselets et des membranes en tous leurs points (Archiv für Augen und OEhrenheilkunde von Knappe und Moos. Carlsruhe, 1870).

la membrane du tympan. Il en résulte que les ligaments qui fixent l'enclume au marteau et à l'extrémité de sa courte apophyse sont notablement distendus, et que cette extrémité est un peu déplacée de sa base osseuse. Dans cette position normale des osselets, l'enclume n'est donc en contact complet qu'avec le marteau, mais les deux osselets sont reliés par des ligaments assez tendus, en sorte que ce n'est que la rotation autour de l'axe du marteau qui soit relativement aisée.

Le troisième osselet, l'*étrier*, représenté isolément figure 42, a en effet la ressemblance la plus frappante avec l'objet qui lui a donné son nom. La base B est fixée dans la membrane qui remplit presque entièrement la fenêtre ovale, à la réserve d'un rebord étroit. Le sommet de l'étrier *cp* a un petit point d'articulation avec l'extrémité (*processus lenticularis*) de la longue apophyse de l'enclume. L'articulation est entourée d'une membrane tendue. Dans la position normale, le tympan tiré en dedans, l'enclume presse sur l'étrier, de telle sorte que l'articulation n'a pas besoin d'être fixée par un lien plus rigide. Tout accroissement de pression du tympan sur le marteau détermine

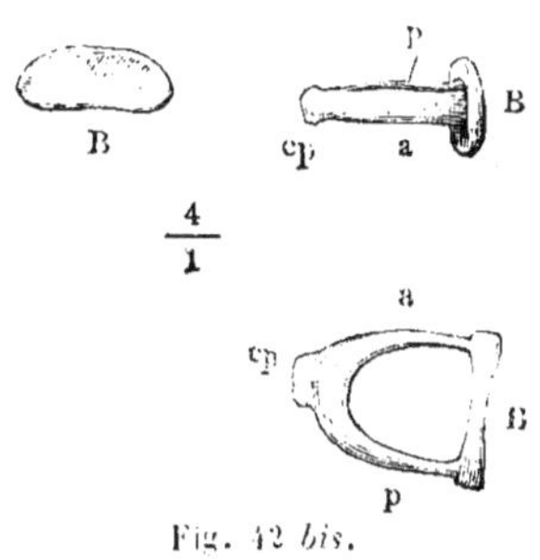

Fig. 42 bis.

un accroissement de pression de l'étrier sur la fenêtre ovale; mais le bord supérieur, un peu mobile, de la base de l'étrier pousse plus fort que le bord inférieur, et, par suite, le bouton *cp* se lève un peu; à ces mouvements correspond aussi une faible élévation de l'extrémité de la longue apophyse de l'enclume, dans les limites où le permet sa situation en dedans et en bas de l'axe du marteau.

L'amplitude de la course de l'étrier est très-petite et, d'après mes mesures (1), ne dépasse pas, en tout cas, 1/10 de millimètre. Au contraire, la course du marteau, en mouvant le manche en dehors, lorsqu'il se déplace dans l'articulation relativement à l'enclume, est au moins neuf fois aussi étendue que celle qu'il peut exécuter avec l'enclume et l'étrier ensemble.

L'ensemble des appareils du tympan a pour objet, au point de vue mécanique, de transmettre le mouvement vibratoire de la surface relativement étendue du tympan (le diamètre vertical est de 9 à 10 millim., le diamètre horizontal de 7,5 à 9), par le moyen des osselets, à la surface, relativement beaucoup moindre, de la fenêtre ovale ou de

____

(1) Helmholtz, *Mécanisme des osselets, dans les Archives de physiologie de* **Pflueger**, Bd. I, p. 34 à 43. Dans ce travail on a cherché à établir la théorie ci-dessus exposée sur le mécanisme de l'audition.

la base de l'étrier, dont les diamètres ne mesurent que 1,5 et 3 millim. La surface du tympan est donc 15 à 20 fois plus grande que celle de la fenêtre ovale. Dans cette transmission des vibrations de l'air au liquide du labyrinthe, il y a lieu de remarquer que les molécules d'air exécutent, il est vrai, des vibrations d'une amplitude assez étendue, mais qu'en raison de leur faible densité elles n'ont qu'un faible moment d'inertie. Quand elles sont arrêtées dans leur mouvement par la résistance de la membrane du tympan, elles ne peuvent ni réagir énergiquement contre elle ni exercer une pression considérable sur la membrane du tympan. Le liquide du labyrinthe, au contraire, est beaucoup plus dense et plus lourd que l'air du conduit auditif : pour lui communiquer un rapide mouvement de va-et-vient, analogue aux oscillations vibratoires, il faut des forces beaucoup plus considérables que pour l'air. D'autre part, l'amplitude des vibrations exécutées par le liquide du labyrinthe est relativement très-petite, mais celles-ci sont assez énergiques pour imprimer à des prolongements nerveux véritablement microscopiques le mouvement qui détermine la sensation.

Le problème mécanique résolu par les appareils des cavités tympaniques consiste donc à transformer un mouvement d'une grande amplitude et d'une petite force, celui de la membrane du tympan, en un autre mouvement d'une plus faible amplitude et d'une plus grande force, qu'il s'agit de communiquer au liquide du labyrinthe. C'est là un problème analogue à celui qui a été résolu au moyen de beaucoup d'appareils mécaniques, tels que le levier, la poulie, la grue, etc. Mais le procédé employé dans l'appareil auditif est tout à fait différent et très-original.

Il y a bien là aussi une action de levier, mais dans une faible proportion seulement. L'extrémité du manche du marteau, sur laquelle s'exerce la traction du tympan, est environ une fois et demie plus éloignée de l'axe de rotation que l'extrémité de l'enclume qui presse sur l'étrier, comme le montre la figure 39. Le manche du marteau forme donc le grand bras de levier, et la pression sur l'étrier est une fois et demie plus grande que la force qui agit sur l'extrémité du marteau. Mais c'est principalement la forme du tympan qui augmente surtout la force du mécanisme. J'ai déjà dit que la partie centrale de cette membrane, son ombilic, tirée en dedans par le manche du marteau, formait une sorte d'entonnoir. Les lignes méridiennes de cet entonnoir, tirées de l'ombilic vers le bord, ne sont pas rigoureusement droites, mais légèrement convexes vers le dehors. Une diminution dans la pression de l'air du conduit auditif accroît cette convexité, une augmentation la diminue. Or, la tension d'un cordon inexten-

sible en forme d'arc presque droit, est très-considérable quand elle est
produite par une force, même faible, agissant perpendiculairement à
la courbure de l'arc. On sait que, pour tendre horizontalement une corde
longue et mince et lui donner à peu près la forme d'une ligne droite, il
faut employer une force considérable, une force extraordinairement plus
grande que le poids de la corde qui en détermine la courbure. Pour
le tympan, ce n'est pas la pesanteur qui empêche les fibres radiales de
se diriger en ligne droite, mais en partie la pression de l'air, en partie
la traction exercée par les fibres circulaires élastiques de la membrane.
Ces dernières tendent à se contracter contre l'axe de l'entonnoir et déterminent ainsi l'inflexion des fibres radiales sur cet axe. La pression
variable de l'air, pendant les vibrations sonores de la masse gazeuse
ambiante, tantôt renforce et tantôt affaiblit cette tension des fibres
circulaires, ce qui détermine, sur les points d'attache moyens des fibres
radiales à la pointe du manche du marteau, une action analogue à
celle que nous pourrions exercer en augmentant et diminuant alternativement le poids de la corde tendue horizontalement, ce qui produirait
un renforcement ou un affaiblissement proportionnel de la traction
de la corde sur la main qui la retient.

En outre, dans le cas d'une corde ainsi tendue, il est à remarquer
qu'une diminution extraordinairement faible de la traction de la
main produit un abaissement considérable du milieu de la corde.
C'est que cette diminution dans la traction de la main agit dans le
sens de la corde de l'arc, et une considération géométrique simple
montre que les cordes de deux arcs d'égale longueur et de courbu-
res différentes, mais toujours très-petites, diffèrent elles-mêmes très-
peu l'une de l'autre, et sont très-voisines de la longueur de l'arc (1).

Il en est de même pour le tympan. Il suffit d'un déplacement
extraordinairement faible du manche du marteau, pour déterminer un changement assez considérable dans la courbure de la membrane. Il en résulte que, dans les vibrations sonores, les portions
moyennes du tympan, situées entre les attaches internes de la membrane sur le marteau et les attaches externes sur l'anneau de la
caisse, peuvent obéir assez docilement aux oscillations de l'air, pendant que le mouvement se transmet au manche du marteau avec
une amplitude très-diminuée, mais avec une énergie beaucoup plus
grande. Dans la transmission du mouvement du manche du marteau
à l'étrier, il se produit encore une réduction de l'amplitude de la

(1) Elles en diffèrent d'une quantité proportionnelle au carré de la flèche de la
courbe. Appelons l la longueur de l'arc et s la flèche; la corde est plus petite que l'arc
d'une quantité égale à $\dfrac{8}{3}\dfrac{s^2}{l}$.

vibration, correspondant à un accroissement de la force, par l'action de levier ci-dessus décrite.

Nous arrivons maintenant à la description de la dernière portion de l'organe de l'ouïe, qui porte le nom de *labyrinthe*. La figure 43 présente, dans diverses positions, la forme intérieure de cette cavité, obtenue par une injection de matière coulée. La portion moyenne, où se trouve la *fenêtre ovale Fv (fenestra vestibuli)*, qui forme la base

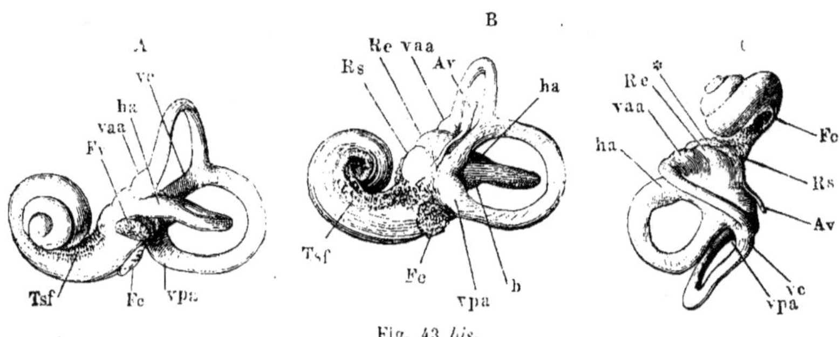

Fig. 43 *bis*.

de l'étrier, s'appelle le *vestibule* du labyrinthe. De ce vestibule part en avant et en bas un canal enroulé, le *limaçon (cochlea)* à la base duquel la *fenêtre ronde Fc (fenestra cochleæ)* touche à la cavité du tympan. En haut et en arrière du vestibule partent trois conduits en orme d'arcs, le *conduit circulaire horizontal*, le *conduit circulaire vertical antérieur*, et le *conduit circulaire vertical postérieur*, dont chacun aboutit par deux extrémités dans le vestibule, et dont chacun aussi présente à l'une de ses extrémités un renflement en forme de bouteille ou *ampoule (ha, vaa, vpa)*. L'*aquæductus vestibuli*, représenté encore dans la figure 43 *bis*, conduit une veine ; et les portions rugueuses T*fs* correspondent, dans le modèle coulé, aux canaux qui amènent les nerfs.

Toute la cavité du labyrinthe est remplie d'eau et entourée par la masse osseuse très-dure et très-dense du rocher, en sorte que ses parois ne présentent que deux parties flexibles, savoir, les deux fenêtres F*v* et F*c*, la fenêtre ovale et la fenêtre ronde. Sur la première, comme on l'a déjà vu, la base de l'étrier est fixée par une sorte de repli membraneux étroit : la seconde est fermée par une membrane. Si l'étrier est poussé contre la fenêtre ovale, du même coup la masse liquide tout entière du labyrinthe est poussée contre la fenêtre ronde ; ce n'est qu'à cet endroit que la membrane peut céder. Si, comme l'a fait Politzer, le labyrinthe étant d'ailleurs intact, on introduit, dans la fenêtre ronde, un tube de verre étiré

très-fin, faisant fonction de manomètre, l'eau monte dans ce tube
dès qu'on augmente la pression de l'air de l'autre côté du tympan, et
en même temps l'étrier pénètre dans la fenêtre ovale.

Les terminaisons des nerfs auditifs sont portées par un système de
membranes très-fines, les unes flottant, les autres tendues dans la
cavité du labyrinthe osseux, et dont l'ensemble forme le labyrinthe
membraneux. Ce dernier reproduit en somme la forme du labyrinthe
osseux ; seulement les canaux et les cavités présentent des dimensions
d'un côté moindres, et l'intérieur se divise en deux parties distinctes,
savoir, l'*utriculus* avec les conduits semi-circulaires, et de l'autre le
sacculus avec le limaçon membraneux. L'utriculus et le sacculus sont
situés tous deux dans le vestibule du laby-
rinthe osseux, le premier au *recessus elli-
pticus* (Re, fig. 43), le second au *recessus
sphericus* (Rs). Ce sont de petits sacs flot-
tants, remplis eux-mêmes de liquide, et qui
n'adhèrent à la paroi osseuse que d'un côté,
là où viennent aboutir les fibres nerveuses.

La forme de l'utriculus avec les canaux
semi-circulaires membraneux est représentée figure 44. Dans ces canaux, les ampoules sont beaucoup plus saillantes que

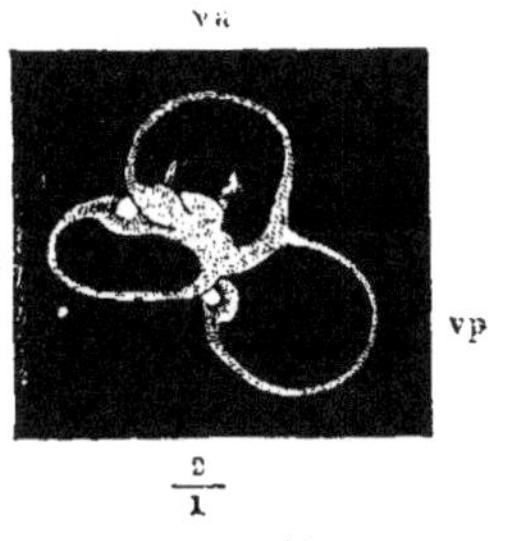

Fig. 44 bis.

dans les canaux osseux. D'après les récentes recherches de Rüdin-
ger, les canaux semi-circulaires membraneux ne plongent pas dans le
canal osseux, mais sont fixés à sa partie convexe. A chaque ampoule
se rattache une saillie en forme de bourrelet, dirigée en dedans, où
pénètrent les cordons des nerfs de l'audition, à l'utriculus se trouve
de même une portion plate et renflée. On décrira plus loin la manière particulière dont les nerfs se terminent dans cet endroit. Dans
l'intérieur de l'utriculus, se trouve ce qu'on appelle les grains de
sable de l'ouïe, petits cristaux calcaires reliés entre eux et avec la
portion renflée du petit sac, riche en nerfs, par une masse muqueuse.

A côté de l'utriculus, lié à lui mais sans communication, dans
la cavité du labyrinthe osseux, se trouve le *sacculus*. Il est mis en communication avec le canal du limaçon membraneux par un conduit
étroit. En ce qui concerne la cavité du limaçon, elle est, comme le
montre la figure 43, tout à fait semblable à celle de la coquille d'un
limaçon de vigne ; seulement le limaçon de l'oreille est partagé par
une cloison transversale mi-osseuse, mi-membraneuse, en deux
canaux presque absolument isolés l'un de l'autre. Ce n'est qu'au bout
du limaçon qu'on trouve une petite ouverture de communication
entre les deux canaux, l'*hélicotréma*, fermé par l'extrémité en forme

de crochet des fuseaux, l'*hamulus*. Des deux conduits en lesquels se divise le canal du limaçon osseux, l'un communique directement avec le vestibule, ce qui lui a fait donner le nom de *rampe du vestibule (scala vestibuli)*. L'autre, au contraire, est séparé du vestibule par la cloison cutanée ; tout près de la base du limaçon, à sa naissance, se trouve la fenêtre ronde, par la membrane flexible de laquelle il peut recevoir les trépidations de l'air du tympan. Aussi ce second conduit a-t-il reçu le nom de *rampe du tympan (scala tympani)*.

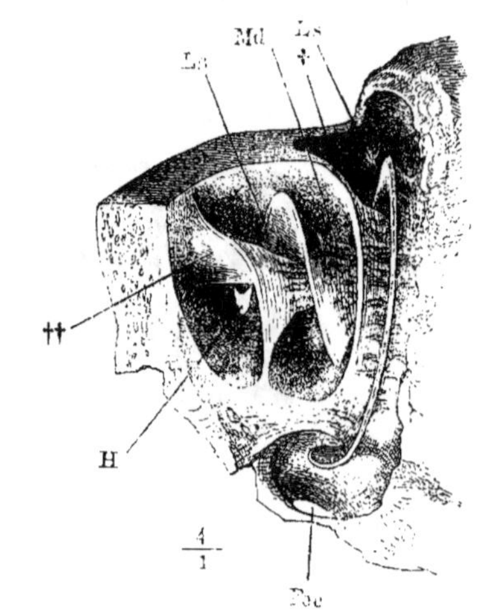

Fig. 45 *bis.*

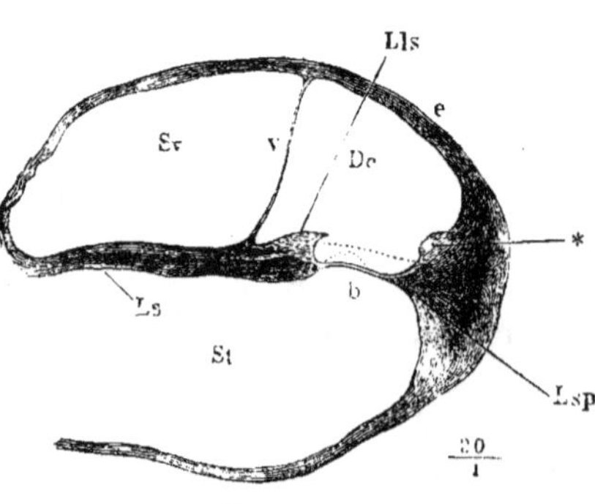

Fig. 46 *bis.*

Enfin il y a encore à remarquer que la cloison membraneuse n'est pas une membrane simple, mais un canal membraneux (*ductus cochlearis*) qui, par sa paroi intérieure tournée vers l'axe du limaçon, est reliée à la cloison osseuse rudimentaire (*lamina spiralis*) du limaçon, et, par une partie de sa surface extérieure à la surface interne du conduit osseux. La figure 45 montre la partie osseuse d'un limaçon qu'on aurait ouvert ; la figure 46 donne une section transversale du canal (inachevé à gauche et en bas). Sur les deux dessins, L*s* représente la partie osseuse de la cloison ; dans la figure 46 *v* et *b* les deux portions libres du canal membraneux. La section transversale de ce canal, comme on le voit dans la figure 46, est à peu près triangulaire, en sorte qu'un angle du triangle se trouve en L*ls* juxtaposé au bord de la cloison osseuse. A sa naissance, et à la base du limaçon comme on l'a déjà indiqué, le ductus cochlearis communique avec le sacculus dans le vestibule du labyrinthe par un étroit canal membraneux. Par les deux bandes libres de sa cloison membraneuse, se trouvent formées deux membranes, l'une tournée vers la rampe du vestibule, tendre, offrant peu de résistance, la membrane de Reissner (*membrana vestibularis*) *v*, figure 46 ; l'autre, *b*, la *membrana basilaris* est une membrane résistante, élastique, tendue, dans la direction radiale correspondante à ses fibres. Elle se déchire facilement dans le sens de ces fibres radiales, ce qui prouve que sa résistance n'est pas très-grande dans la direction perpendiculaire à ces fibres. Sur la *membrana basilaris* sont fixées les extrémités des nerfs du limaçon et de leurs prolongements, ce que figurent les lignes ponctuées dans la figure 46.

Lorsque, par l'accroissement de la pression de l'air, la membrane du tympan est poussée à l'intérieur des conduits auditifs, elle pousse à son tour, comme on l'a expliqué plus haut, les osselets en dedans ; la base de l'étrier, notamment, s'enfonce plus profondément dans la fenêtre ovale. Le liquide du labyrinthe, entouré de parois osseuses résistantes, n'a qu'une issue pour céder à la pression de l'étrier, c'est la fenêtre ronde avec sa membrane flexible. Mais, pour y arriver, le liquide doit couler par l'hélicotréma, l'orifice étroit au bout du limaçon, de la rampe du vestible à la rampe du tympan, ou plutôt car, selon toute apparence, la rapidité des mouvements vibratoires ne lui en laisse pas le temps, pousser la cloison membraneuse du limaçon contre la rampe du tympan. L'inverse se produit pour une diminution dans la pression de l'air.

Par conséquent les vibrations sonores de l'air du conduit auditif externe finissent par se transmettre à la membrane du labyrinthe, c'est-à-dire à la membrane du limaçon et aux nerfs qui se trouvent répandus dans son épaisseur.

J'ai déjà dit que les extrémités de ces nerfs sont reliées à de très-petits appendices élastiques, qui semblent destinés à mettre les nerfs en mouvement par leurs vibrations.

En ce qui concerne d'abord les nerfs du vestibule, ils se terminent par ces parties renflées des petits sacs du labyrinthe membraneux précédemment décrits, à l'endroit où le tissu a une consistance plus grande, presque cartilagineuse. Il existe un renflement de ce genre riche en nerfs sous forme de filet dans l'intérieur de l'ampoule de chaque canal semi-circulaire ; il s'en trouve un autre au fond de l'utricule du vestibule. Les fibres nerveuses arrivent ici entre les cellules molles et cylindriques du mince *épithélium* qui tapisse la surface intérieure des réseaux. Dans les ampoules, d'après les découvertes de Max Schultze, partent de la surface intérieure de cet *épithélium* des crins tout particuliers, raides, élastiques, représentés par la figure 47. Ils sont beaucoup plus longs que les crins ciliaires des cellules de mica (longues de $\frac{1}{25}$ de ligne chez les raies), cassants et terminés en pointe très-fine. Des crins ténus et élastiques de cette nature sont évidemment très-propres à recevoir le mouvement du liquide de l'oreille, et à imprimer ainsi une excitation mécanique aux cordons nerveux situés à leur base dans l'*épithélium*.

Les portions renflées du vestibule, où arrivent les extrémités des nerfs, présentent, suivant Max Schultze, le même *épithélium* tendre dans lequel les fibres nerveuses viennent s'insérer, et des crins courts, cassant facilement. Plus loin, tout près des surfaces riches en nerfs, se trouvent des concréments calcaires, qu'on appelle *otolithes*, qui, chez les poissons, sont de petits corps convexes-concaves reliés les uns aux autres, et présentent sur leur face convexe l'empreinte du réseau nerveux. Chez l'homme, au contraire, les otolithes sont des petits groupes de petits cristaux de forme allongée et anguleuse qui, étroitement reliés à la membrane des petits sacs, y semblent fixés. Ces otolithes aussi semblent très-propres à déterminer une excitation mécanique dans la masse nerveuse, à chaque mouvement brusque du liquide du labyrinthe. La membrane mince et souple, ainsi que la masse nerveuse qu'elle renferme, suivent instantanément, suivant toute vraisemblance, le mouvement du liquide, tandis que les petits cristaux, plus lourds, sont plus lents à entrer en mouvement, mais plus lents aussi à perdre leur vitesse acquise, en sorte que tantôt ils tirent, tantôt ils pressent sur la masse nerveuse. Les conditions dans lesquelles se produit l'excitation des nerfs sont donc tout à fait analogues à celles du *tétanomoteur* de Heidenhain. Dans cet instrument, un nerf d'un muscle est soumis à l'action d'un petit marteau d'ivoire vibrant très-rapidement, de telle sorte qu'à chaque coup le nerf soit pressé, mais non écrasé. On provoque ainsi dans les nerfs une excitation énergique et prolongée qui se traduit par une contraction également énergique et prolongée du muscle correspondant. Les parties de l'oreille qui

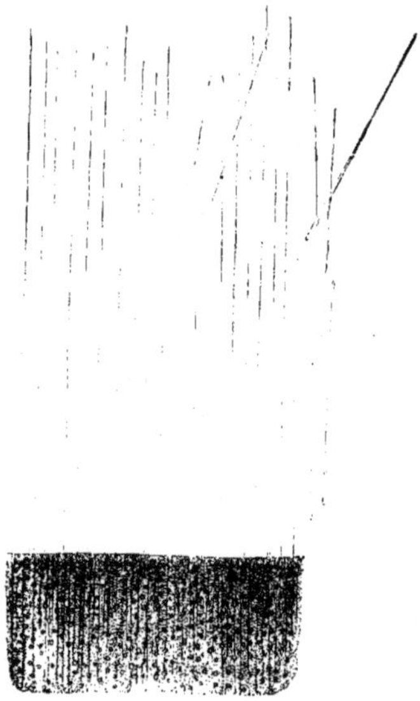

Fig. 17 *bis*.

viennent d'être décrites paraissent disposées pour une excitation mécanique de la même nature.

La structure du limaçon est beaucoup plus compliquée ; les faisceaux nerveux pénètrent par l'axe du pivot du limaçon, d'abord dans la partie osseuse, puis dans la partie membraneuse de la cloison ; là se trouvent les prolongements particuliers, découverts tout récemment par le marquis de Corti, appelés *organes de Corti*, entre lesquels se terminent les nerfs.

L'épanouissement du nerf du limaçon est représenté figure 48. Il entre par l'axe du limaçon (2) et envoie ses fibres dans une direc-

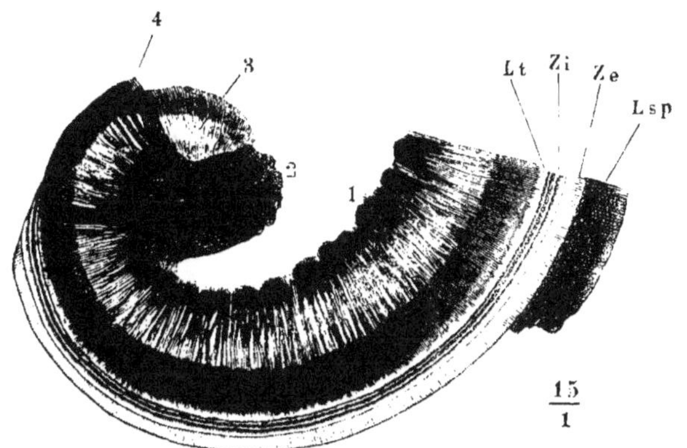

Fig. 48 *bis*.

tion radiale allant par la paroi osseuse du limaçon (1, 3 et 4 de la figure) jusqu'au bord de cette paroi ; là les nerfs passent d'abord sous la *membrana basilaris* à sa naissance, la traversent par une série d'orifices, de façon à gagner le *ductus cochlearis* et les prolongements nerveux élastiques situés sur la zone interne (Z i) de la membrane. Le bord de la cloison osseuse (de a à b) et la zone intérieure de la *membrana basilaris* (a a') sont représentés, d'après Hensen, dans la figure 49 ; la partie inférieure du dessin correspond à la *scala tympani*, la partie supérieure au *ductus cochlearis*. En h et en k, sont les deux feuilles de la cloison osseuse, entre lesquelles le nerf b s'épanouit. La partie supérieure de la cloison osseuse présente, comme le montre Lls de la figure 46, une sorte de bourrelet (Z, fig. 49) formée d'un tissu ligamenteux épais, qui a été nommée zone dentelée à cause de certaines impressions de son côté supérieur, et qui porte une membrane spéciale élastique, percée de trous, la membrane de Corti, MC, tendue parallèlement à la *membrana basilaris* jusqu'à la cloison osseuse sur la paroi extérieure du conduit, et venant s'y insérer un peu au-dessus de la première. Entre ces deux membranes sont les organes par lesquels se terminent les nerfs.

Parmi eux sont les appendices relativement les plus forts, ceux qu'on appelle *arcs de Corti* (*fig.* 49 en *g*). La série de ces arcs juxtaposés est formée de deux séries de *bâtonnets* ou *fibres*, l'une à l'intérieur, l'autre à l'extérieur.

On en a représenté une paire isolée dans la figure 50 A, et une petite série B, cette dernière fixée à la *membrana basilaris* et se reliant encore en † à l'appareil en forme de châssis où viennent s'encadrer les cellules terminales des nerfs (*c*, fig. 49) que nous allons décrire bientôt. Les prolongements nerveux sont vus du côté de la rampe du vestibule figure 51 ; *a* représente ici les apophyses en forme de dents, *c* les orifices destinés à laisser passer les nerfs sur le bord intérieur de la *membrana basilaris ;* on en voit le bord extérieur en *u u; d* est la série intérieure des fibres de Corti, *e* la série extérieure ; au-dessous, en *e* et *x* on voit la membrane en forme de fenêtre où les cellules terminales nerveuses viennent s'encadrer.

Les fibres de la première série sont des organes aplatis, en forme de S faiblement recourbé, qui partent, légèrement renflés, de la membrane leur servant de base, à laquelle ils sont fixés, et qui se terminent en haut par une sorte d'articulation destinée à les relier aux fibres de la deuxième série. Dans la figure 51, en *d*, on voit un grand nombre de ces fibres ascendantes régulièrement juxtaposées. Elles sont disposées de la même manière, tout le long de la membrane du limaçon, si serrées les unes contre les autres qu'on en peut évaluer le nombre à plusieurs milliers. Elles se touchent les unes les au-

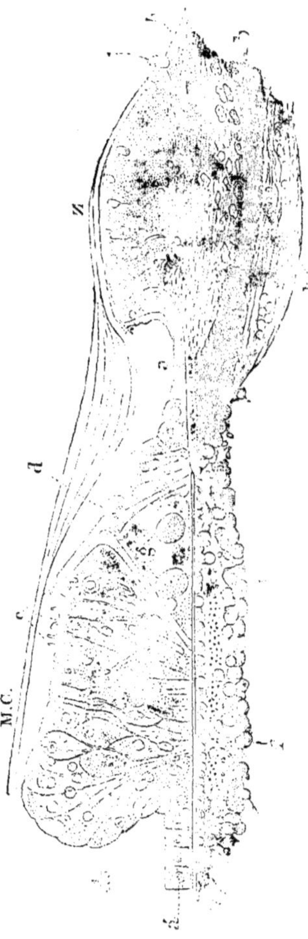

Fig. 49 *bis.*

tres et semblent reliées entre elles, mais de façon à présenter, sur la
ligne de jonction, des fentes ouvertes en forme de cellules par lesquelles passent probablement les fibres nerveuses. Ainsi groupées
ensemble, les fibres de première série forment une sorte de réseau
tendu qui, dès qu'il ne rencontre plus la résistance de ses points
d'appui naturels, tend à se redresser à l'endroit où la membrane de
base se replie entre les points d'attache *d* et *c* des arcs de Corti.

Les fibres de seconde série qui forment la partie descendante *e* de
l'arc (fig. 50), sont de petits cordons cylindriques lisses, flexibles,
renflés au bout. L'extrémité supérieure forme une sorte d'articula-

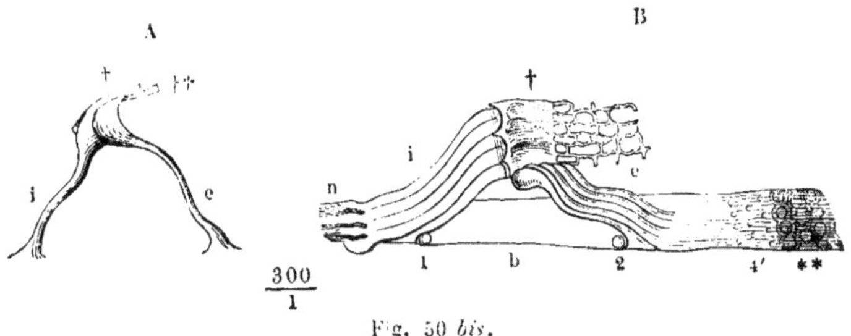

Fig. 50 *bis*.

tion avec les fibres de première série ; l'extrémité inférieure est en
forme de cloche et adhère solidement à la membrane de base. Dans
les préparations microscopiques on les trouve le plus souvent repliées
un grand nombre de fois sur elles-mêmes ; néanmoins on ne peut
douter que, dans leur position naturelle, elles ne soient allongées, et
assez tendues pour exercer une traction sur l'extrémité supérieure de
l'articulation des fibres de première série. Tandis que ces dernières
montent le long du bord intérieur de la membrane dont l'ébranlement
est relativement faible, les fibres de deuxième série sont fixées à peu
près au centre de la membrane, c'est-à-dire précisément à l'endroit où
les vibrations doivent présenter le plus d'intensité. Si la pression du
liquide du labyrinthe dans la rampe du tympan vient à s'accroître
sous l'action de l'étrier pénétrant dans la fenêtre ovale, la *membrana
basilaris* doit se recourber vers le bas, la tension des fibres de
deuxième série augmente, et peut-être le point correspondant de la
première série de fibres est-il un peu déplacé vers le bas.

Au reste, il ne paraît pas très-probable que les fibres de première
série se déplacent beaucoup isolément, car leurs attaches latérales
sont assez fortes pour que, détachées de leur position dans la prépara-
tion anatomique, elles restent quelquefois unies entre elles en formant
comme une sorte de membrane. L'organe de Corti est un appareil
destiné à recevoir les vibrations de la *membrana basilaris* et à en-

trer lui-même en vibrations; on ne peut en douter d'après la disposition générale, mais nos connaissances actuelles ne nous permettent pas de décider de quelle manière ces vibrations s'effectuent. Il faudrait apprécier la dureté des différentes parties, leur degré de tension et leur flexibilité, mieux que l'observation des parties isolées, telles que le hasard les a placées sous le microscope, n'a permis de le faire jusqu'ici.

Les fibres de Corti sont donc soutenues et environnées d'une foule d'appendices très-mous et très-fragiles, des fibres et des cellules de différente nature, soit des prolongements très-minces des nerfs avec les cellules nerveuses correspondantes, soit des fibres appartenant au tissu conjonctif et qui paraissent avoir pour objet d'assurer la fixité et la suspension des prolongements nerveux.

C'est la figure 49 qui représente le mieux ces parties dans leur situation naturelle. Elles se groupent, comme un bulbe de cellules molles, des deux côtés et à l'intérieur des arcs de Corti. Les plus importantes d'entre elles paraissent être les cellules figurées en *c* et en *d*, munies de petits crins, qui ont tout à fait la forme des cellules munies de crins des ampoules et de l'utriculus. Elles semblent se relier directement à des fibres nerveuses fines, variqueuses, et forment l'élément le plus constant de tous les appendices du limaçon ; car, chez les oiseaux et les reptiles, chez lesquels la structure du limaçon est beaucoup plus simple, où les arcs de Corti eux-mêmes font défaut, ce sont précisément ces petites cellules crinifères qu'on retrouve partout et dont les crins sont disposés de manière à pouvoir ébranler la membrane de Corti sous l'influence des vibrations de la *membrana basilaris*. Les cellules figurées en *a* et *a* (*fig.* 49), et plus gonflées en *b* et *n* (*fig.* 51), ne paraissent présenter que les caractères d'un *épithélium*. La figure 51 montre en outre des filaments et des réseaux fibreux qui peuvent être seulement des fibres de soutien de nature ligamenteuse, ou des fibres nerveuses très-minces qu'on reconnaît à leur apparence perlée. Ce sont précisément ces éléments si fins et si fragiles sur le rôle et le mode de liaison desquels on peut émettre encore de nombreuses conjectures.

La forme des ampoules, qui sont des cavités assez vastes munies d'orifices relativement petits, paraît apte à déterminer dans le liquide la formation d'un courant radial moyen isolé qui de son côté se résout en tourbillons partiels (1).

Des courants de cette nature, distincts de la masse fluide environnante qui reste en repos, se forment toutes les fois qu'un fluide pé-

---

(1) Voir ma notice sur des mouvements discontinus des fluides, *Comptes rendus de l'Académie de Berlin*, 23 avril 1868.

nètre, par un orifice ou un canal à bords étroitement resserrés, dans
un espace plus grand que celui qu'il occupait d'abord. On constate
le fait toutes les fois qu'une colonne d'air mêlée de fumée s'échappe
d'un tuyau de cheminée. La colonne de fumée reste pendant quelque
temps distincte de l'air environnant, puis se résout en tourbillon. Si

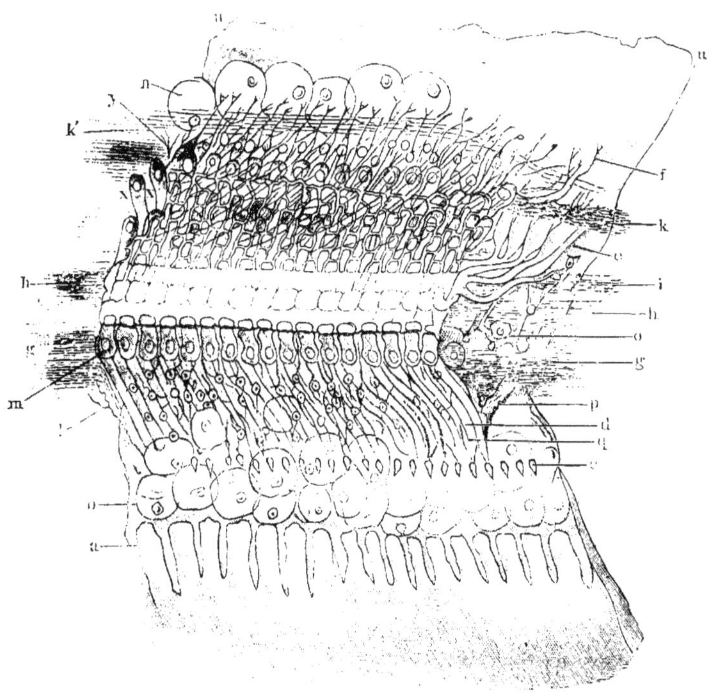

Fig. 51 *bis*.

donc l'excitation nerveuse dépend d'un déplacement des petits crins
des cellules nerveuses relativement aux cellules elles-mêmes, il ne suffit
pas du mouvement de va-et-vient de la masse entière des cellules plon-
gées dans le liquide; il faut encore que les éléments isolés de cette
masse soient rencontrés par des courants de force et de directions variables; et c'est particulièrement pour produire des courants discontinus
de cette manière que les otolithes et les ampoules semblent très-bien
disposés. D'autre part, d'après l'ensemble de sa structure, la cloison
du limaçon avec les arcs de Corti y attachés semblent tout à fait propres à entrer spontanément en vibrations. Nous n'avons pas besoin
de leur demander la faculté de continuer longtemps leur mouvement
vibratoire sans excitation nouvelle. Il est d'une très-grande impor-

tance pour le fonctionnement de l'ouïe, que nous trouvions aux nerfs des appareils terminaux aussi différents. Des prolongements élastiques, dont les vibrations s'éteignent rapidement, seront affectés par des secousses et des courants brusques du liquide du labyrinthe relativement plus que par des sons musicaux. Ils peuvent donc servir notamment à la perception des trépidations rapides et irrégulières, à la sensation des bruits. Au contraire, des corps élastiques conservant longtemps leur mouvement seront ébranlés par des sons musicaux de hauteur correspondante, beaucoup plus que par des secousses isolées. Notre oreille est susceptible de percevoir ces deux natures de sensations, et nous pouvons bien supposer que cela tient à l'existence d'organes terminaux différents ; l'épanouissement des nerfs dans le vestibule et les ampoules serviraient à la perception des bruits, les fibres de Corti et la *membrana basilaris* à la perception des sons musicaux.

Mais ces appendices doivent servir à distinguer des sons de hauteur différente qui doivent être perçus également bien dans toutes les régions de la gamme ; il faut donc que les prolongements élastiques du limaçon, associés aux différentes fibres nerveuses, soient accordés à des hauteurs différentes, et que leurs sons propres forment une série régulière tout le long de la gamme musicale.

D'après les récentes découvertes anatomiques de V. Hensen et de C. Hasse, il est probable que les dimensions variables de la *membrana basilaris* du limaçon (1) répondent à ces différences de hauteurs.

A sa naissance, dans le voisinage de la fenêtre ovale, la *membrana basilaris* est relativement étroite, et s'élargit toujours de plus en plus qu'elle s'approche de la coupole du limaçon. V. Hensen a trouvé les dimensions suivantes chez un nouveau-né entre la ligne d'entrée des fibres nerveuses sur le bord intérieur et le point d'attache du *ligamentum spirale* sur le bord extérieur :

---

(1) Dans la première édition de cet ouvrage, qui a été écrite à un moment où les études sur l'anatomie microscopique du limaçon ne faisaient que de commencer, j'avais émis l'hypothèse que les différences de diamètre et de tension des fibres de Corti pourraient donner la raison de ces différences de hauteur. Depuis, les mesures exécutées par Hensen des dimensions de la *membrana basilaris* (*Zeitschrift für wissenschaft. Zoologie*, Bd. XIII, p. 492) et la preuve faite par Hasse que les arcs de Corti manquent chez les oiseaux et les amphibies, ont fourni à la théorie des éléments beaucoup plus précis que je n'en avais alors.

ENDROIT DE LA SECTION.	LARGEUR DE LA MEMBRANE.
A 0mm,2625 de la racine.....................	0mm,04125
A 0 ,8626.........................	0 ,0825
A moitié de la première spire..................	0 ,169
Au bout de la première spire................	0 ,3
Au milieu de la seconde spire	0 ,4125
Au bout de la seconde spire..................	0 ,45
A l'hamulus.............................	0 ,495

La largeur croît donc de l'une à l'autre extrémité dans le rapport de un à douze.

Les fibres de Corti présentent aussi un accroissement de dimensions contre la coupole du limaçon, mais dans une proportion beaucoup moindre que la *membrana basilaris*. D'après Hensen, les dimensions seraient les suivantes :

	A LA FENÊTRE RONDE.	A L'HAMULUS.
Longueur de la fibre interne........	0mm,048	0mm,0855
Longueur de la fibre externe......	0 ,048	0 ,098
Ouverture de l'arc...............	0 ,019	0 ,085

Il s'ensuit, comme Henle l'a confirmé aussi, que la plus grande largeur tombe dans la zone externe de la *membrana basilaris*, de l'autre côté de la ligne d'attache des fibres extérieures. Elle croît de 0,^{mm}023 à 0,^{mm}041, environ dans le rapport de 1 à 20.

Les deux séries de fibres de Corti correspondant à ces dimensions se trouvent à la fenêtre ronde, presque parallèles entre elles dans le sens de la hauteur, tandis que, contre la coupole, elles appuient fortement les unes sur les autres.

D'après ce qui a été dit plus haut, la *membrana basilaris* du limaçon se déchire très-facilement dans la direction radiale, tandis que ses fibres radiales présentent une résistance assez grande ; au point de vue mécanique, ce fait me paraît avoir une conséquence très-importante. C'est que, dans sa position naturelle, cette membrane peut être fortement tendue dans la direction perpendiculaire à l'axe contre la cloison extérieure du limaçon ; tandis qu'elle n'est que faiblement tendue dans le sens de sa longueur. Car elle ne pourrait résister à une tension un peu forte dans ce sens.

Or, comme le montre la théorie mathématique (1), une membrane présentant une tension différente dans diverses directions, se comporte tout autrement, dans ses vibrations, que ne le ferait une membrane également tendue dans tous les sens.

Dans ce dernier cas, les vibrations qui prennent naissance sur un point, se propagent régulièrement dans toutes les directions; et, avec une tension régulière, il serait impossible à un point de la *membrana basilaris* d'entrer en vibrations, sans déterminer des vibrations correspondantes en tous les autres points de la membrane, abstraction faite de quelques points isolés formant des lignes nodales.

Au contraire, si la tension dans le sens de la longueur est infiniment petite par rapport à la tension dans le sens de la largeur, la *membrana basilaris* se comporte à peu près comme si ses fibres radiales étaient un système de cordes tendues, dont les attaches transversales ne serviraient qu'à soutenir la pression du liquide contre ces cordes. Les lois de leur mouvement seront alors les mêmes que si chaque corde était indépendante des autres, et obéissait, isolément, à l'action de la pression périodiquement variable du liquide du labyrinthe dans la rampe du vestibule. D'après cela un son ferait vibrer par influence la portion de la membrane, où le son propre des fibres radiales tendues et de leurs divers appendices se rapprocherait le plus du son excitateur ; de là les vibrations se communiqueraient aux parties voisines de la membrane avec une intensité rapidement décroissante. La figure 52, p. 219, pourrait représenter à peu près, avec des hauteurs trop grandes, la section longitudinale de la région vibrante de la *membrana basilaris*, où le son propre des fibres radiales se rapproche le plus du son excitateur.

Les limites plus ou moins restreintes entre lesquelles la membrane vibrerait d'une manière appréciable, dépendraient, comme on l'a expliqué plus haut pour les vibrations par influence en général, de la façon plus ou moins rapide dont les vibrations de la membrane seraient étouffées par les régions voisines, c'est-à-dire par le frottement dans le liquide du labyrinthe, et sur les parties molles et gélatineuses du bulbe nerveux.

D'après ce qui précède, il faudra chercher dans le voisinage de la fenêtre ronde les parties de la membrane qui vibrent à l'unisson des sons aigus, et dans le voisinage de la coupole du limaçon les parties

---

(1) Voir le *Supplément* ci-joint.

vibrant à l'unisson des sons graves; c'est ce que Hensen avait déjà conclu de ses mesures. Comment des cordes aussi courtes peuvent-elles vibrer sous l'influence de sons graves, c'est ce qui peut s'expliquer par cette circonstance que ces cordes de la *membrana basilaris* sont fortement chargées par des appendices résistants de toute nature ; il faut faire entrer, notamment, en considération le liquide des deux rampes du limaçon, parce que la membrane ne peut guère se mouvoir, s'il n'existe dans ce liquide une sorte de mouvement ondulatoire.

En ce qui concerne les arcs de Corti placés sur la *membrana basilaris* du limaçon, les récentes recherches de Hasse prouvent qu'ils font défaut chez les oiseaux et les amphibies, tandis qu'on retrouve chez ces animaux les autres éléments essentiels du limaçon, savoir, la *membrana basilaris*, les cellules crinifères reliées aux extrémités des nerfs et même la membrane de Corti superposée aux extrémités de ces petits crins.

Il paraît dès lors très-présumable que les arcs de Corti ne jouent qu'un rôle accessoire dans le fonctionnement du limaçon. On pourrait peut-être expliquer l'utilité des arcs de Corti en supposant qu'en leur qualité d'appendices relativement rigides, ils transmettent les vibrations de la *membrana basilaris* sur une portion restreinte de la partie supérieure, et relativement épaisse, du bulbe nerveux, mieux que cela ne pourrait se faire par la communication immédiate des vibrations de cette membrane à travers la masse molle de ce bulbe. Les cellules crinifères du bulbe nerveux (*c*, fig. 49) sont placées tout près à l'extérieur de l'extrémité supérieure de l'arc de Corti, auquel elles sont encore reliées par les fibres tendues de la *membrana reticularis*. Chez les oiseaux, au contraire, les cellules crinifères forment, sur la *membrana basilaris*, une couche mince qui peut facilement en recevoir les vibrations sans les transmettre trop loin vers les cordes.

D'après cette manière de voir, ce seraient en dernière analyse les arcs de Corti dont les vibrations, reçues de la *membrana basilaris*, se communiqueraient aux organes terminaux de l'appareil nerveux.

C'est dans ce sens que je prie d'interpréter tout ce qui va suivre, toutes les fois qu'il sera question des vibrations, du son propre, de la hauteur des arcs de Corti; il faut toujours l'entendre de la hauteur du son qu'ils donnent par leur union avec les parties correspondantes de la *membrana basilaris*.

La construction des parties vibrantes externes de l'oreille que nous venons de décrire présente certaines particularités qui paraissent spécialement favorables à la production des sons résultants. D'abord le défaut de symétrie dans la structure de la membrane du tympan. La tension des fibres radiales externes convexes de cette dernière variera beaucoup plus sous l'action d'une vibration d'intensité moyenne de dehors en dedans, que si la vibration va de dedans en dehors. En définitive, l'amplitude de la vibration n'a pour effet que de diminuer, dans une proportion appréciable, la faible courbure de l'arc formé par ces fibres radiales. Dans ces circonstances, il se produit des écarts dans la superposition pure et simple des vibrations, pour des amplitudes beaucoup plus petites que cela n'a lieu quand le corps vibrant est symétrique des deux côtés (1).

Mais je crois que, notamment pour les sons forts, la mobilité de l'articulation entre le marteau et l'enclume joue un rôle encore plus important. Quand le manche du marteau est poussé en dedans par le tympan, l'enclume et l'étrier sont forcés de suivre exactement son mouvement; mais il n'en est pas de même quand le manche du marteau revient en arrière, parce que les dents encliquetées des deux osselets peuvent jouer l'une sur l'autre. Les osselets font alors une sorte de craquement. C'est un craquement de ce genre que je pense entendre toujours dans ma propre oreille, chaque fois qu'un son très-fort, notamment un son grave, arrive jusqu'à elle, même quand c'est, par exemple, le son d'un diapason tenu entre les doigts, qui n'offre par lui-même rien qui ressemble à un craquement.

Ce sentiment particulier d'un bourdonnement d'oreille dû à une cause mécanique est, pour moi, depuis longtemps très-net, quand deux voix de soprano fortes et justes exécutent des passages en tierces, où le son résultant ressort avec beaucoup de force. Si les phases des deux sons excitateurs sont réciproquement disposées de manière qu'après quatre oscillations du plus grave, après cinq du plus aigu, il se produise une vibration du tympan, de dedans en dehors, assez forte pour faire momentanément jouer l'articulation de l'enclume et du marteau, il se produit entre les deux osselets une série de secousses qui n'auraient pas lieu avec un mode de liaison fixe et des vibrations régulières, et qui, considérées dans leur ensemble, donneraient précisément le premier différentiel de cet intervalle de tierce. De même pour les autres intervalles. Il est à remarquer, d'ailleurs, que les mêmes circonstances de structure d'un corps vibrant qui le rendent propre à donner des sons résultants, quand il est soumis à deux systèmes différents d'ondes sonores, aiguës, peuvent faire aussi qu'un son simple isolé puisse déterminer en lui des vibrations qui correspondent à ses

____

(1) Voir mon Mémoire cité plus haut sur les sons-résultants et le *Supplément*. L'écart est proportionnel à la première puissance dans les corps vibrants non symétriques de l'amplitude; et à la seconde puissance de cette quantité dans les corps symétriques.

harmoniques, comme si, pour ainsi dire, ce son formait avec lui-même ses sons additionnels.

Une force simple, périodique, correspondant à des vibrations simples pendulaires ne détermine des vibrations simples sinusoïdales, dans le corps sur lequel elle agit, qu'autant que les réactions élastiques qui naissent de l'écart du corps ébranlé de sa position d'équilibre restent proportionnelles à cet écart lui-même ; c'est ce qui arrive toujours quand l'écart est une quantité infiniment petite. Mais si les amplitudes des vibrations sont assez grandes, pour que cette proportionnalité soit notablement altérée, aux vibrations de son excitateur viennent s'en joindre d'autres correspondant à ses harmoniques. J'ai déjà dit (p. 76), que des harmoniques de cette nature pouvaient quelquefois se rencontrer dans le son de diapasons fortement ébranlés.

L'oreille humaine doit en faire autant, puisqu'elle forme si facilement des sons résultants et c'est un motif de supposer que tout son simple, résonnant avec une grande intensité, doit être accompagné, dans la sensation, d'harmoniques très-faibles.

CALCUL DES VIBRATIONS DE LA *membrana basilaris* DU LIMAÇON.

Le problème mécanique qu'il s'agit de résoudre ici revient à chercher si une membrane, douée des mêmes propriétés que la *membrana basilaris*, peut vibrer comme l'a supposé M. Hensen dans ces derniers temps ; de façon notamment que chaque faisceau de fibres puisse vibrer sous l'influence d'un son répondant à sa longueur, à sa tension, sans que le faisceau voisin prenne un mouvement appréciable. Dans ces recherches, nous pouvons faire abstraction de la courbure en spirale de la *membrana basilaris*, et la supposer tendue sur une surface plane entre les deux côtés d'un angle dont nous désignons l'ouverture par 2η. Prenons pour axe des x la bissectrice de cet angle, et pour axe des y la perpendiculaire à cette ligne menée par le sommet de l'angle. Soit P la tension de la membrane parallèlement à l'axe des x, Q la tension parallèlement à l'axe des y, toutes deux mesurées par les forces qu'il faudrait faire agir sur l'unité de longueur suivant les côtés d'un carré respectivement parallèles à x et à y, pour maintenir la membrane en équilibre de tension. Soient μ la masse de ce carré, t le temps et z l'écart d'un point de la membrane de sa position d'équilibre. Soit enfin Z une force extérieure qui agit sur la membrane dans le sens des z positifs et la met en vibration. L'équation du mouvement de la membrane, telle qu'on peut la déduire sans grande difficulté du principe d'Hamilton par le procédé de Kirchhoff est alors :

$$Z + P \frac{d^2z}{dx^2} + Q \frac{dz^2}{dy^2} = \mu \frac{dz^2}{dt^2}. \tag{1}$$

Les conditions limites sont : 1° que z soit égal à zéro le long des côtés de l'angle, d'où

$$y = \pm x \text{ tang } n;$$

2° que $z = o$ pour $x = y = o$, c'est-à-dire au sommet de l'angle ; 3° enfin que z conserve une valeur finie pour les valeurs infinies de x.

Comment, au lieu de ces deux dernières conditions limites, qui nous suffisent pour nos recherches, on peut prendre certaines courbes déterminées comme limites fixes entre les côtés de l'angle 2η, c'est ce que montreront les développements qui vont suivre.

L'équation (1) peut être mise sous une forme plus connue si nous posons

$$x = \xi \sqrt{P} \text{ et } y = v \sqrt{Q};$$

nous obtenons alors

$$Z + \frac{d^2z}{d\xi^2} + \frac{d^2z}{dv^2} = \mu \frac{d^2z}{dt^2}, \tag{1 a}$$

qui donne l'équation du mouvement pour une membrane régulièrement tendue dans toutes les directions, et sur la surface de laquelle ξ et v sont les coordonnées rectangulaires.

Les conditions limites deviennent

1° $z = o$ pour

$$r = \pm \xi \sqrt{\frac{P}{Q}} \text{ tang } \eta;$$

2° $z = o$ pour $\xi = v = o$;

3° z reste fini pour $\xi = \infty$.

Le problème transformé ne se distingue du précédent qu'en ce que la membrane transformée est régulièrement tendue, et tendue dans un angle d'une ouverture différente que nous désignerons par 2ε.

Comme, dans l'application qui nous occupe, P est très-petit par rapport à Q, cet angle ε sera lui-même très-petit, circonstance essentielle qui fait naître les difficultés analytiques du problème.

Ces préliminaires posés, arrivons à transformer des équations (1) ou (1a) en prenant les coordonnées polaires, et posons

$$x = \xi \sqrt{P} = r \sqrt{P} \cdot \cos \omega \left.\right\} \dots, \qquad (1\,b)$$
$$y = r \sqrt{Q} = r \sqrt{Q} \cdot \sin \omega$$

les équations (1) deviennent alors :

$$\frac{d^2 z}{dr^2} + \frac{1}{r} \cdot \frac{dz}{dr} + \frac{1}{r^2} \cdot \frac{d^2 z}{d\omega^2} = \mu \frac{d^2 z}{dt^2} - Z \dots \qquad (1\,c)$$

les conditions limites sont que :

1° $z = o$ pour $\omega = \mp \varepsilon$, soit

$$\operatorname{tang} \varepsilon = \sqrt{\frac{P}{Q}} \cdot \operatorname{tang} r_i$$

2° $z = o$ pour $r = o$;

3° z fini pour r infini.

En ce qui concerne la nature de la force Z, nous admettons d'abord qu'elle a une portion qui dépend du frottement et que nous pouvons représenter par $-\gamma \dfrac{dz}{dt}$, où γ désigne une constante réelle positive. En second lieu nous admettons que le milieu environnant exerce sur la membrane une pression périodiquement variable, régulièrement répartie sur toute la surface. En posant

$$Z = - \gamma \frac{dz}{dt} + A \cos (nt),$$

nous obtenons l'équation suivante :

$$\frac{d^2 z}{dr^2} + \frac{1}{r} \cdot \frac{dz}{dr} + \frac{1}{r^2} \cdot \frac{d^2 z}{d\omega^2} = \mu \frac{d^2 z}{dt^2} + \gamma \frac{dz}{dt} - A \cos (nt) \dots \qquad (2)$$

Parmi tous les mouvements que la membrane peut exécuter dans des conditions semblables, ceux-là seuls nous intéressent qui peuvent être entretenus par l'action prolongée de la force périodique agissante, et qui peuvent en adopter la période. Posons donc :

$$z = \zeta e^{int}$$

où

$$i = \sqrt{-1},$$

et déterminons ζ par l'équation

$$\frac{d^2 \zeta}{dr^2} + \frac{1}{r} \cdot \frac{d\zeta}{dr} + \frac{1}{r^2} \cdot \frac{d^2 \zeta}{d\omega^2} + \mu n^2 - in\gamma \zeta = -A \dots \qquad (2\,b)$$

la partie réelle de la valeur de z dans l'équation (2) suffira et correspondra à une oscillation régulièrement prolongée de la membrane.

Après avoir ainsi éliminé la variable t de l'équation différentielle, on peut faire de même pour ω en se reportant à la première condition limite, et transformant ζ comme la constante A en une série ordonnée d'après le cosinus des multiples impairs de l'angle $\frac{\pi\omega}{2\varepsilon} = h\omega$. Entre les limites $h\omega = +\frac{\pi}{2}$ et $-\frac{\pi}{2}$, on a, comme on sait

$$A = \frac{4A}{\pi}\left\{\cos(h\omega) - \frac{1}{3}\cos(3h\omega) + \frac{1}{5}\cos(5h\omega),\ \text{etc.}\right\} \ldots \ldots \quad (3)$$

posons

$$\zeta = s_1 \cos(h\omega) - \frac{1}{3} s_3 \cos(3h\omega) + \frac{1}{5} s_5 \cos(5h\omega),\ \text{etc.} \ldots \ldots \quad (3\,a)$$

on arrive à

$$\frac{d^2 S m}{dr^2} + \frac{1}{r} \cdot \frac{d S m}{dr} + \left(\mu n^2 - in\gamma - \frac{m^2 h^2}{r^2}\right) S m = -\frac{4A}{\pi} \quad (3\,b)$$

et, comme la première de nos conditions limites est remplie par l'équation $(3a)$, si la série est convergente, il ne reste que les deux autres savoir :

1° $S_m = o$ pour $r = o$;

2° S_m fini pour $r = \infty$.

Chaque S_m est pleinement déterminé par ces conditions, cela se voit facilement. Car s'il y avait deux fonctions différentes qui satisfissent à l'équation $(3b)$ et aux deux conditions limites, leur différence, que nous désignerons par σ, satisferait aux conditions

$$\frac{d^2\sigma}{dr^2} + \frac{1}{r} \cdot \frac{d\sigma}{dr} + \left(\mu n^2 - in\gamma - \frac{m^2 h^2}{r^2}\right)\sigma = o \ldots \ldots \quad (3\,c)$$

c'est-à-dire qu'elle serait une fonction de Bessel et qu'en même temps

1° $\sigma = o$ pour $r = o$;

2° σ fini pour $r = \infty$.

Ces deux conditions ne peuvent être simultanément remplies pour des fonctions de Bessel où γ a une valeur aussi peu différente de zéro. Ce n'est que si γ est nul, c'est-à-dire s'il n'y a aucun frottement, que la détermination donnée est insuffisante. Dans ce cas en particulier les oscillations, une fois commencées, dureraient indéfiniment, même sans l'intervention d'aucune force pour renouveler l'impulsion.

Il est facile de développer en séries des intégrales particulières de l'équation $(3\ b)$, comme les séries des fonctions voisines de

Bessel, qui satisfont à l'équation (3 c). L'une de ces séries est ordonnée suivant les puissances entières de r et est toujours convergente. Mais si l'angle ε est très-petit, le nombre des termes de cette
série qui est nécessaire pour déterminer la valeur de s devient très-
grand, et il devient par conséquent impossible d'utiliser la série pour
la discussion de la marche de la fonction. Il y a une seconde série,
ordonnée suivant les puissances négatives de r, et qui donne une
autre intégrale particulière ; c'est une série semi-convergente, et,
seulement dans le cas où h est un nombre entier pair, une fonction
algébrique. Dans ce dernier cas, au contraire, la première série devient infinie dans chacun de ses termes.

Pour le but que nous nous proposons, il vaut donc mieux mettre
l'expression cherchée de s sous la forme d'une intégrale définie.

Soit φ et Ψ les deux intégrales suivantes :

$$\Psi = \int_0^{\frac{\pi}{2}} e^{ikr \sin t} \sin (mht)\,dt \qquad \qquad \left.\begin{array}{c} \\ \\ \\ \\ \end{array}\right\} \;\ldots\ldots \qquad (4)$$

$$\varphi = \int_1^{\infty} u^{-mh-1}\, e^{-\frac{ikr}{2}\left(u + \frac{1}{u}\right)}\,du$$

où

$$k = \sqrt{\mu n^2 - in\gamma}\ldots\ldots \qquad (4\,a)$$

et le radical est choisi de façon que la partie réelle de sm soit positive.

On a alors, pour l'expression cherchée de S_m :

$$S_m = \frac{4A}{\pi r^2}\left[mh \cdot \Psi + mh\,\varphi \cdot \cos\left(\frac{mh\pi}{2}\right) - 1\right]\ldots\ldots \qquad (4\,b)$$

Cette dernière expression satisfait à l'équation (3 b); on peut s'en
assurer en la substituant dans cette formule, et si, dans la différen-
tiation sous le signe $\int$ de Ψ et φ, on ordonne par rapport à $\left(u - \frac{1}{u}\right)$
les facteurs cos t dans les intégrations partielles sous le signe $\int$.

Pour $r = o$, on a

$$\Psi = \int_0^{\frac{\pi}{2}} \sin (mht)\, dt = \frac{1}{mh}\left\{1 - \cos\frac{mh\pi}{2}\right\}$$

$$\varphi = \int_1^{\infty} \frac{du}{u^{mh+1}} = \frac{1}{mh}$$

et par conséquent $S_m = o.$

Pour $r = \infty$, $\varphi = \Psi = o$ donc

$$S_m = - \frac{4A}{\pi k^2}.$$

La fonction S_m satisfait donc aussi aux deux conditions limites qui ont été démontrées suffisantes pour sa détermination.

Au moyen de l'équation (4 b) nous pouvons rechercher ce que devient S_m quand P, la tension de la membrane suivant l'axe des x, devient infiniment petite. D'après l'équation (1 b), r devient infini ; il en est de même de h dont la valeur est

$$h = \frac{\pi \sqrt{Q}}{2 \sqrt{P . \operatorname{tang} \eta}}.$$

Mais si nous posons

$$r = h . \rho,$$

ρ devient une quantité finie représentée par

$$\rho = \frac{2r . \operatorname{tang} \eta}{\pi \sqrt{Q}}.$$

Il est facile de voir que dans ce cas $mh\varphi$ devient nul.
Nous pouvons l'écrire :

$$mh\varphi = \int_1^{\infty} mh . e^{-mh \log u - (l - ik) . \frac{h^2}{2}\left(u + \frac{1}{u}\right)} \Bigg\}_u \qquad (5)$$

où on pose

$$ik = l - i.$$

et l est positive d'après l'hypothèse faite plus haut.

Comme dans tout le cours de l'intégration $u > 1$ et par conséquent $\log u > 0$, la partie réelle de l'exposant est partout négative et contient le facteur infini h.

Par conséquent chaque terme de l'intégrale s'évanouit ainsi que la valeur tout entière de $mh\varphi$.

Dans l'intégrale ψ au contraire

$$\psi = \int_0^{\frac{\pi}{2}} e^{-(l - ik) . h^2 . \sin t} \sin (mht) \, dt,$$

la partie réelle de l'exposant devient négative et infinie pour tous les termes de l'intégrale où t n'est pas infiniment petit, et, par conséquent, tous ces termes s'annulent. Mais ce n'est pas le cas des termes où t s'évanouit.

On peut donc, pour une valeur infinie de h remplacer l'expression ci-dessus de ψ par la suivante :

$$\psi = \int_0^\infty e^{-(t - a_1 + b_2) t} \sin(mht)\, dt.$$

En intégrant cette formule, on a

$$\psi = \frac{m}{h[(l - a)^2 \rho^2 + m^2]} \cdot \cdot \cdot \cdot \tag{4 a}$$

et

$$Sm = \frac{4A\rho^2}{\pi[m^2 - \rho^2 k^2]}$$

ou, en se reportant à $(4a)$,

$$Sm = \frac{4A\rho^2}{\pi[m^2 - \rho^2(\mu n^2 + i\rho n\gamma)]} \cdot \cdot \cdot \cdot \tag{5 b}$$

Si nous désignons par $\dfrac{\beta}{2}$ la valeur de y aux limites de la membrane, pour éliminer la valeur auxiliaire ρ

$$\frac{3}{2} x \operatorname{tang} \mu.$$

d'où

$$\rho = \frac{\beta}{\pi l \sqrt{Q}}$$

et

$$Sm = \frac{4A}{\pi \sqrt{\left(\dfrac{m^2\pi^2 Q}{\beta^2} - \mu n^2\right) + n^2\gamma^2}} \cdot \tag{5}$$

Cette valeur est tout à fait indépendante de la grandeur de l'angle que couvre la membrane. Au lieu de la distance de sommet ρ ou x il n'y entre que l'étendue β de la membrane au point considéré.

La même expression pourra donc être conservée si l'angle est égal à zéro, et si la membrane vibre entre deux lignes parallèles comme une corde; dans ce cas m forme des subdivisions vibrantes qui sont séparées par des lignes nodales parallèles aux bords.

Au reste, pour une corde, on arrive à la même expression si, dès le début du calcul, dans l'équation (1) on considère z comme une fonction de y, indépendante de x; mais il subsiste la condition limite que pour $y = +\beta$ l'équation $z = o$ soit satisfaite. Le mouvement de la membrane est donc le même que si elle était formée de cordes in-dépendantes, simplement juxtaposées.

La valeur de $\dfrac{1}{m} S_m$ dans ($5\,d$) nous donne l'amplitude de la forme vibratoire pour le nombre $\dfrac{n}{2\pi}$ et avec m subdivisions vibrantes trans-versales de la membrane. Le maximum de S_m a lieu quand

$$m^2\pi^2 Q - \beta^2\mu n^2 = o\dots\dots \tag{6}$$

La valeur même de ce maximum que nous désignerons par Σ est

$$\Sigma = \frac{4A}{\pi m \gamma}.$$

Plus le coefficient de frottement γ est petit, et plus le maximum est grand au point considéré.

Si nous désignons par b la valeur β qui satisfait à l'équation (6), l'équation ($5\,d$) peut s'écrire :

$$S_m = \frac{\Sigma}{\sqrt{1 + \dfrac{m^4\pi^4 Q^4}{n^2\gamma^2}\left[\dfrac{1}{\beta^2} - \dfrac{1}{b^2}\right]}}.$$

Tant que γ est infiniment petit, et que, dans l'équation (6), la condition du maximum n'est pas remplie, le dénominateur de cette expression devient infini et S_m infiniment petit. Ce n'est que pour les valeurs de β qui approchent assez de b pour que b-β et γ soient de même ordre, que $\dfrac{1}{m} S_m$, l'amplitude des vibrations conserve une valeur finie. Dans ce cas chaque son simple ne met en vibration que certaines bandes étroites de la membrane, dans le sens des x, dont la première présente une subdivision vibrante, la seconde deux, la troisième trois, etc., et où la quantité $\dfrac{\beta}{m}$, c'est-à-dire la longueur de la subdivision vibrante a partout la même va-leur.

Plus le coefficient de frottement est grand, plus les vibrations pro-duites par chaque son s'étendent au loin sur la membrane.

L'analyse mathématique qui précède montre que chaque son peut mettre en mouvement tous les groupes de fibres transversales de la membrane pour lesquels il peut être considéré comme un son pro-pre avec formation de points nodaux. Il s'ensuivrait que si la mem-brane du labyrinthe était de structure complétement régulière, comme la membrane hypothétique, chaque ébranlement d'un faisceau transversal par un son donné devrait être accompagné de faibles ébranlements des sons harmoniques impairs, dont l'intensité serait multipliée par $\frac{1}{9}$, $\frac{1}{25}$, en général $\frac{1}{m^2}$. Dans l'oreille on ne remarque rien de semblable. Je crois néanmoins qu'on ne peut en faire une objection contre la théorie qui précède, parce que, vraisemblablement, la formation des sons avec lignes nodales, est entravée par les attaches de la *membrana basilaris*.

On peut sans difficulé étendre la solution au cas où la membrane serait limitée dans le plan des ξ, v, par deux arcs de cercle dont le centre serait au sommet de l'angle ε. Il leur correspond, en réalité, dans le plan des x, y, deux arcs-limites elliptiques qui deviennent deux lignes droites quand P s'évanouit. On n'a qu'à introduire dans la valeur de S_m (1 *b*) encore une intégrale complète de l'équation (3 *c*), qui est représentée par des fonctions de Bessel avec deux constantes arbitraires. On détermine ces dernières en faisant S_m nul pour les courbes-limites choisies. Si γ est petit, cette modification des limites n'exerce aucune influence essentielle sur le mouvement de la membrane, si ce n'est quand le maximum de la vibration tombe précisément dans le voisinage de ces limites.

SECTION II

HISTOIRE DE LA MUSIQUE

« Le chapitre sur l'histoire de la Musique, dit Helmholtz dans sa préface, a été fortement remanié, et, à ce que j'espère, amélioré dans son ensemble. Je prie d'ailleurs de ne considérer cette partie que comme une compilation de seconde main; pour entreprendre des travaux originaux dans ce domaine si difficile, je n'avais ni le temps ni les connaissances préliminaires. Jusqu'aux débuts du déchant, l'histoire de la musique ancienne n'est guère qu'un ramassis incohérent de détails, et nous ne pouvons que hasarder des hypothèses sur les points principaux. Néanmoins toute théorie de la musique doit naturellement chercher à mettre de l'ordre dans ce chaos, et il s'y trouve un certain nombre de faits importants. »

P. 338 de l'édition française, après la phrase « nous ne pouvons guère reconnaître à ce passage de Boethius un caractère d'authenticité, » la nouvelle édition allemande continue ainsi qu'il suit :

L'affinité de la quinte et de son renversement la quarte pour le son fondamental est si grande, qu'elle a joué le même rôle dans tous les systèmes musicaux de tous les peuples connus. Au contraire, quand il s'agit d'intercaler des sons intermédiaires entre les sons limites du tétracorde, on constate de nombreuses divergences. L'intervalle de tierce n'est pas défini d'une manière assez nette par des harmoniques facilement perceptibles, pour qu'il s'impose de lui-même, dans toute sa précision, à l'oreille de musiciens peu exercés. Nous devons même supposer que, dans le cas même où le cinquième son partiel était compris dans le son de l'instrument employé, il se rencontrait, comme à l'ordinaire, non-seulement avec le son fondamental plus fort que lui, mais aussi avec les trois premiers sons partiels, également plus forts, qui le couvraient. En réalité, l'histoire des systèmes musicaux nous montre une longue hésitation dans la détermination de la tierce; hésitation qu'on retrouve encore maintenant quand on cherche à déterminer des tierces dans une suite purement mélodique, sans le secours de l'harmonie. Je dois avouer moi-même que, pour des intervalles isolés de cette nature, je n'arrive pas à un résultat précis, à moins que je ne les prenne dans une mélodie bien faite, d'une tonalité bien caractérisée. Dans ce cas, les tierces naturelles 4 : 5, comparées soit aux tierces plus grandes fournies par le *tempérament égal* de nos instruments modernes, soit à celles plus grandes encore fournies par la série des quintes dans la gamme pythagoricienne, me paraissent meilleures ; les autres intervalles semblent un peu forcés. Nos musiciens modernes habitués aux tierces tempérées, les préfèrent quelquefois quand il ne s'agit que d'une suite mélodique. Je me suis pourtant assuré par moi-même que des artistes de premier ordre, comme M. Joachim, employaient même dans la tierce 4 : 5. Dans l'harmonie, il n'y a aucun doute ; tout le monde se prononce pour la tierce 4 : 5. Dans le seizième chapitre on décrira un instrument à l'aide duquel on peut réaliser des expériences de ce genre.

Dans de telles circonstances, pour diviser la gamme, pour partager les petits intervalles au commencement de la musique et encore aujourd'hui à ce qu'il paraît, les peuples moins cultivés se sont aidés d'un principe différent, qui n'a dû que plus tard devenir le principe de l'affinité des sons. Je fais ici allusion à la tentative de distinguer à l'oreille des divisions égales, en sorte que les différences perceptibles de hauteur tombent à intervalles égaux.

Pour la division de la quarte un essai de cette nature n'a pu tenir longtemps contre le sentiment de l'affinité des intervalles, au moins dans la musique artistique. Mais pour les intervalles plus petits que la quarte, nous trouvons ce principe employé à plusieurs reprises dans les divisions moins usitées du tétracorde grec et dans les gammes des peuples orientaux. Néanmoins ces divisions arbitraires, non fondées sur l'affinité des sons, ont partout disparu en bloc, lorsque la musique s'est élevée comme art à une beauté plus raffinée.

Nous allons maintenant voir quelle gamme nous obtenons en prolongeant la relation naturelle entre les sons, plus loin qu'on ne l'a fait dans la première construction des gammes diatoniques. Nous appellerons *affinité du premier degré, celle où les sons ont deux sons partiels communs ; affinité du second degré, celle de deux sons qui ont avec un troisième une relation du premier degré.* Plus est grande l'intensité relative des deux sons partiels communs par rapport aux autres, dans une relation du premier degré, plus étroite est la parenté, et plus les chanteurs et les auditeurs sentiront facilement ce que les deux sons en relation présentent de commun. Il en résulte que le sentiment de l'affinité des sons doit varier avec le timbre, et je crois qu'on peut en effet l'affirmer ; les morceaux joués sur la flûte et les registres doux de l'orgue, où les assemblages de sons manquent de caractère par suite du défaut d'harmoniques et de dissonances tranchées, présentent quelque chose d'analogue aux mélodies simples. Cela tient, à mon avis, à ce que, dans les timbres en question, les intervalles naturels des tierces et des sixtes, peut-être même des quartes et des quintes, n'ont pas leur raison d'être dans la sensation immédiate de l'auditeur, qui, dans ce cas, ne perçoit les affinités sonores que par une opération de la mémoire. Quand l'auditeur sait que, sur les autres instruments et dans le chant, les tierces et les sixtes se présentent comme des sons naturellement reliés par une relation directe, il peut admettre que les mêmes affinités existent, lorsque les mêmes sons viennent à être émis par une flûte ou les registres doux de l'orgue. Néanmoins, une impression qui n'existe que dans la mémoire ne peut avoir la même fraîcheur, la même vivacité qu'une sensation immédiate.

La relation est d'autant plus étroite que les sons partiels identiques sont plus intenses, et comme, en général, les harmoniques dont le numéro d'ordre est élevé sont moins forts que ceux qui les précèdent dans la série, il en résulte que l'affinité de deux sons est ordinairement d'autant plus faible que le numéro d'ordre des sons partiels communs est plus élevé. Or, le lecteur se rappellera que, d'après la théorie des intervalles consonnants, les numéros d'ordre donnent en même temps le rapport des nombres de vibrations des deux notes considérées.

Je donne ci-dessous un tableau qui présente, dans la ligne horizontale supérieure, les numéros d'ordre des sons partiels de la tonique ut_1, et dans la première colonne verticale, ceux correspondant au son considéré. A la rencontre des lignes horizontales et verticales, se trouve indiqué le son de la gamme pour lequel la coïncidence des sons partiels a lieu. Seulement on n'a considéré que les sons éloignés de la tonique de moins d'une octave. A chaque degré sont les deux numéros d'ordre des sons partiels communs, pour donner une mesure de la force de l'affinité.

	SONS PARTIELS DE LA TONIQUE.					
	1	2	3	4	5	6
1.	ut_1 1.1	ut_2 1.2				
2.	ut 2.1	ut_1 2.2	sol_1 2.3	ut_2 2.4		
3.		fa 3.2	ut_1 3.3	fa_1 3.4	la_1 3.5	ut_2 3.6
4.		ut 4.2	sol 4.3	ut_1 4.4	mi_1 4.5	sol_1 4.6
5.			$mi♭$ 5.3	$la♭$ 5.4	ut_1 5.5	$mi♭_1$ 5.6
6.			ut 6.3	fa 6.4	la 6.5	ut_1 6.6

D'après cette classification systématique, nous trouvons, dans l'octave au-dessus du son fondamental ut_1, une suite de sons, en relation du premier degré avec la tonique, rangés par ordre d'affinité :

$$ut_1, \quad ut_2, \quad sol_1, \quad fa_1, \quad la_1, \quad mi_1, \quad mi\flat_1,$$
$$1:1 \quad 1:2 \quad 2:3 \quad 3:4 \quad 3:5 \quad 4:5 \quad 5:6;$$

dans l'octave descendante, la série suivante :

$$ut_1{}_{,}, \quad ut_0, \quad fa_0, \quad sol_0, \quad mi\flat_0, \quad la\flat_0, \quad la_0,$$
$$1:1 \quad 1:2 \quad 3:2 \quad 4:3 \quad 5:3 \quad 5:4 \quad 6:5.$$

L'interruption de la série se trouve motivée par la petitesse des intervalles fournis. Ceux-ci doivent être assez grands pour qu'il ne soit pas difficile de les émettre ou de les distinguer. Quant à la limite inférieure de grandeur, acceptable dans la gamme, c'est une question que les diverses nations ont résolue différemment suivant leurs goûts, et peut-être aussi suivant la finesse de leur oreille.

Il semble que, dans les prémières périodes du développement de la musique, beaucoup de peuples aient eu peur d'utiliser des intervalles moindres que le ton, et aient, par conséquent, adopté des gammes dont les degrés sont alternativement des tons et des tons et demi. D'après les exemples rassemblés par M. Fétis (*Histoire générale de la Musique*, Paris, 1869, t. I), on trouve une gamme semblable non-seulement chez les Chinois, mais aussi chez les autres variétés de la race Mongole, chez les Malais de Java et de Sumatra; les indigènes de la baie d'Hudson, les Papous de la Nouvelle-Guinée, les naturels de la Nouvelle-Calédonie, les Fellahs nègres. La lyre à cinq cordes (Kissar) des peuples du Nord de l'Afrique et de l'Abyssinie, qui se retrouve déjà dans les bas-reliefs des palais royaux assyriens comme l'instrument des prisonniers, est, d'après Villoteau, accordée suivant la gamme à cinq sons :

$$sol - la - si \smallsmile - ré - mi.$$

On trouve des traces d'une ancienne gamme de ce genre pour la cithare évidemment analogue des Grecs. Au moins, Terpandre qui a joué un rôle prépondérant dans le développement de l'ancienne musique grecque, et qui a ajouté une nouvelle corde à la cithare hexacorde usitée avant lui, Terpandre a employé une gamme formée d'un tétracorde et d'un tricorde, comprenant une octave, et constituée de la manière suivante :

$$mi \smallsmile fa - sol - la - si \smallsmile - r_1 - mi_1 \tag{1}$$

(1) Nicomachus fait dire à Philolaüs (édit. Meibomius, p. 17) : « De l'*hypate* (*mi*) à la *media* (*la*) il y avait une quarte, de la *media* à la *nète* (*mi*_1) une quinte, de la *nète* à

où le son *ut* manque et le tétracorde supérieur reste sans demi-ton, tandis que le tétracorde inférieur en a un.

L'homme qui a introduit en Grèce le jeu des flûtes asiatiques et l'a adapté au goût grec, Olympos, a imaginé la gamme dorique à cinq sons, l'ancienne gamme enharmonique

$$si \smile ut \text{---} mi \smile fa \text{---} la \, ;$$

il semble résulter de tout cela qu'il a pris à l'Asie la gamme à cinq sons, et n'a emprunté à la gamme grecque que l'emploi du demi-ton.

Parmi les peuples civilisés les Chinois, les Gaëls, les Irlandais ont employé dans ses parties essentielles la gamme à cinq sons pour former leurs mélodies, quoique tous deux aient appris à connaître les gammes diatoniques complètes. Ces dernières paraissent avoir été introduites chez les Chinois par un prince Tsay-yu, malgré la résistance des musiciens conservateurs ; de même on a trouvé chez ces peuples instruits et intelligents, la division de l'octave en douze demi-tons, les transpositions des gammes ; mais les mélodies, recueillies par les voyageurs, appartiennent généralement à la gamme à cinq sons. Les Écossais et les Irlandais ont de même appris, par les chants d'Église, à connaître les gammes diatoniques à sept degrés, et néanmoins, dans la forme actuelle de leurs mélodies populaires, nous constatons que les deux sons complémentaires manquent absolument, ou du moins ne font que de rares apparitions, comme appoggiatures ou notes de passage. Et alors, dans beaucoup de cas, ce sont des corrections modernes, comme on peut le prouver par la comparaison avec l'ancienne forme des airs ; on peut, en général, négliger les notes étrangères à la gamme de cinq sons, sans altérer essentiellement la mélodie. Cela s'applique non-seulement aux anciens airs, mais même à ceux composés dans les deux derniers siècles par des musiciens savants ou ignorants, et qui se sont répandus dans le peuple.

Par conséquent les Gaëls, aussi bien que les Chinois, maintiennent leur ancienne gamme, malgré la connaissance des systèmes modernes (1), et on ne peut nier que les airs écossais, en proscrivant le plus petit degré de la gamme diatonique, ne présentent quelque chose de particulièrement clair et alerte, qu'on ne trouve pas, il est vrai, dans les mélodies chinoises. Le petit nombre des sons renfermés dans l'intérieur de l'octave, est compensé par la grande étendue que parcourent les voix, aussi bien chez les Gaëls que chez les Chinois.

---

la *trite* (*si*, une quarte, de la *trite* à l'*hypate* une quinte. » D'où il suit que c'est, non le *si*, mais l'*ut* qui faisait défaut. Les signes ⌣ — désignent la quantité métrique, brève ou longue, des syllabes.

(1) Airs chinois, dans l'*Histoire de la musique* d'Ambrosch, tome I, pages 30, 34, 35.

La gamme à cinq sons comporte encore une certaine variété de formes. Si nous prenons pour tonique ut_1, et que nous lui ajoutions les alliés les plus voisins de l'octave ascendante jusqu'à ce que nous rencontrions un demi-ton, nous obtenons :

$$ut_1 \; ut_2 \; sol_1 \; fa_1 \; la_1.$$

Le *mi* qui suit forme déjà avec le *fa* un demi-ton. Dans l'octave descendante nous obtenons de la même manière :

$$ut_1, \; ut_0 \; fa_0 \; sol_0 \, mi\flat_0.$$

Les grandes lacunes que présentent ces gammes, dans la première entre ut_1 et fa_1, dans la seconde entre sol_0 et ut_1, sont comblées par les plus proches alliés du second degré. Comme les alliés de l'octave ne font que reproduire les intervalles déjà obtenus par leur parenté directe avec la tonique, ce sont les alliés de la quinte supérieure sol_1 et de la quinte inférieure fa_0 qui entrent d'abord en jeu, puis la quinte supérieure $ré_1$ de la quinte supérieure *sol*, et la quinte inférieur $si\flat$ de la quinte inférieure *fa*. On obtient ainsi les gammes suivantes :

1° En montant :

$$ut, \; ré \smile fa \; sol \; la \smile ut$$
$$1 \quad \frac{9}{8} \qquad \frac{4}{3} \; \frac{3}{2} \; \frac{5}{3} \quad 2$$

2° En descendant :

$$ut - \smile mi\flat - fa \; sol \; si\flat \; ut$$
$$1 \qquad \frac{6}{5} \qquad \frac{4}{3} \; \frac{3}{2} \, \frac{16}{9} \; 2$$

Mais on peut aussi employer les deux en même temps au lieu des sons faiblement alliés du premier degré, ce qui donnerait alors la série obtenue par quintes :

3° $$ut - ré - \smile fa - sol - \smile si\flat - ut$$
$$1 \qquad \frac{9}{8} \qquad \frac{4}{3} \qquad \frac{3}{2} \qquad \frac{16}{9} \qquad 2$$

Mais il se présente aussi d'autres variétés moins régulières de cette gamme à cinq sons, dans lesquelles le *fa*, allié du premier degré de la tonique *ut*, est remplacé par la tierce majeure *mi*, alliée un peu plus éloignée ; modification qu'il faut peut-être attribuer à l'influence de la prépondérance moderne du mode majeur, et qui se retrouve notamment dans un grand nombre de mélodies écossaises. Cela donne la gamme

4° $ut - ré - mi - \lor sol - la - \lor ut.$

$$1 \quad \frac{9}{8} \quad \frac{5}{4} \quad \frac{3}{2} \quad \frac{5}{3} \quad 2$$

Les exemples d'une substitution analogue de la sixte mineure
la♭ à la quinte *sol* sont douteux ; on aurait la gamme suivante :

$$ut \quad mi♭ \quad fa \quad la♭ \quad si♭ \quad ut$$
$$1 \quad \frac{6}{5} \quad \frac{4}{3} \quad \frac{8}{5} \quad \frac{16}{9} \quad 2$$

Quant à la gamme

5° $ut \quad mi♭ \quad fa \quad sol \quad la \quad ut$
$$1 \quad \frac{6}{5} \quad \frac{4}{3} \quad \frac{3}{2} \quad \frac{5}{3} \quad 2$$

où les alliés du premier degré figurent seuls, mais aux deux extrémités
de laquelle il faut franchir un grand intervalle pour arriver à la
tonique; je n'en ai jamais rencontré d'exemples.

Les cinq formes précitées de la gamme à cinq sons peuvent toutes
être transposées de manière qu'on puisse les jouer sur les touches
noires du piano, en faisant abstraction des touches blanches. On sait
que c'est là la règle simple suivant laquelle on peut composer des
airs écossais. Ajoutons que chacune des cinq touches noires peut être
prise pour tonique; il n'y a que le *si♭* qui n'a pas de quinte parmi les
touches noires, et dont l'emploi comme tonique reste d'une justifica-
tion douteuse.

Voici quelques exemples de gammes à cinq tons :

1. *Première gamme, sans tierce ni septième.* — Air chinois d'a-
près John Barrow :

2. A la *deuxième gamme, sans seconde ni sixte,* appartiennent la
plus grande partie des airs écossais qui ont le caractère mineur; dans
les formes modernes cependant, en général, on trouve l'un ou l'autre
de ces intervalles employé de passage. Ci-dessous, une ancienne
forme (1) de l'air *Cockle Shells.*

(1) Playford, maître de danse, édition 1721; la première fut publiée en 1657. —
Chants d'Écosse, vol. III, p. 170.

3. *Troisième gamme, sans tierce ni sixte.* — Un vieil air gaël, probablement de cornemuse (1) :

4. A la *quatrième gamme*, appartiennent la majeure partie des airs écossais qui présentent le caractère majeur ; il y manque la quarte et la septième de la gamme majeure. Comme les mélodies écossaises de ce genre se trouvent par douzaines dans tous les recueils et sont généralement connues, je donne ici comme exemple un vieil air religieux chinois, d'après Bitschurin (2).

5. Je n'ai pas trouvé d'air appartenant exclusivement à la *cinquième gamme sans seconde ni quinte ;* il en existe cependant, où la quinte seule ou les deux intervalles ne se présentent que tout à fait exceptionnellement. Dans le dernier cas, on rencontre la seconde mineure qui donne le caractère du mode phrygien de l'Église, par exemple, dans la très-jolie chanson : *Auld Robin.* Je donne ici un air en *fa♯* où la seconde fait absolument défaut, et où la quinte *ut♯* n'arrive que deux fois comme note de passage, en sorte qu'on pourrait aussi bien la négliger.

The Braes of Balquhidder.

On pourrait cependant aussi très-bien dans cet exemple admettre le *si* comme tonique et considérer les terminaisons sur la dominante et la sous-dominante comme formées à l'ancienne manière. En général, dans ces mélodies à cinq sons, la détermination de la tonique est souvent beaucoup plus incertaine que dans les gammes à sept sons.

---

(1) Air chinois, analogue dans Ambrosch, *loc. cit.,* vol. I, p. 34 ; le second morceau. — Un autre, avec une seule sixte, dans les *Chants d'Écosse,* vol. III, p. 10 : « *My Peggy is a young thing.* »

(2) Ambrosch. *loc. cit.,* vol. I, p. 30. — Voir aussi le *Premier air,* p. 35, d'après Baron et Amiot.

La règle donnée ordinairement que, dans les gammes gaéliques et chinoises, il n'existe ni quarte ni septième, ne s'applique donc qu'à la gamme à cinq sons qui correspond à notre gamme majeure, et qui domine dans les airs écossais d'aujourd'hui, probablement par réaction contre l'influence de notre système moderne. Les exemples cités précédemment prouvent que la tonique peut occuper toutes les places dans les gammes à cinq sons, si on veut leur accorder la propriété d'avoir une tonique. Les mélodies écossaises, sans exception, sont dépourvues de deux sons de notre mode majeur et mineur, de telle sorte que le demi-ton de la gamme devient le ton et demi. Parmi les airs chinois, en tout cas, j'en trouve un qui se rattache à l'ancien système enharmonique des Grecs inventé plus tard, et qui présente des demi-tons: il y trouvera son explication.

Nous arrivons maintenant à la construction des gammes à sept sons. Leurs premières formes se développaient sous l'influence des divisions des tétracordes grecs. Les mélodies qui leur sont propres se mouvaient dans une étendue restreinte et avaient peu d'intervalles, particularité qui a été surtout signalée par des écrivains postérieurs, Plutarque, par exemple, et qui, d'ailleurs, se retrouve aussi chez la plupart des autres peuples au début de leur développement musical. A l'origine la gamme se renfermait donc dans des limites plus étroites que celles de l'octave, dans les limites du tétracorde. Si on cherche dans le tétracorde les plus proches alliés de la tonique (mese), on n'y trouve que les tierces. Dans le tétracorde *si-mi*, prenons le dernier son pour tonique, son allié le plus voisin, dans les limites du tétracorde, c'est l'*ut* tierce majeure inférieure de *mi*. Cela donne

1° L'*ancien tétracorde enharmonique* d'Olympos :

$$si \smile ut \relbar \relbar mi$$
$$\frac{3}{4} \quad \frac{4}{5} \relbar \relbar 1$$

L'intervalle *ut mi* est représenté par $\frac{4}{5}$; Archytas l'a établi pour la première fois précisément pour le mode enharmonique. L'allié le plus voisin du *mi* après l'*ut*, serait la tierce mineure inférieure; en l'ajoutant, nous obtenons :

2° L'ancien tétracorde *chromatique* des Grecs :

$$si \smile ut \smile ut\sharp \relbar \smile mi$$
$$\frac{3}{4} \quad \frac{4}{5} \quad \frac{5}{6} \qquad 1$$

Les valeurs données ici pour les intervalles correspondent aux indications d'Eratosthènes (IIIe siècle avant J.-C.). L'intervalle entre *ut* et *ut♯* correspond ici à la petite fraction $\frac{25}{24}$, inférieure au demi-ton $\frac{16}{15}$. Il est immédiatement suivi de l'intervalle beaucoup plus grand *ut♯-mi* qui est une tierce mineure. On obtient une répartition plus régulière des intervalles en prenant une tierce mineure à partir du son inférieur du tétracorde. Il en résulte :

3° Le tétracorde *diatonique* :

$$si \; - \; ut \; - \; ré \; - \; mi$$
$$\frac{3}{4} \qquad \frac{4}{5} \qquad \frac{9}{10} \qquad 1$$

C'est la disposition que Ptolémée adopte pour le tétracorde diatonique. Mais il faut remarquer ici que, si l'on prend pour tonique le *mi*, ce *ré* ne présente qu'une faible affinité du second degré avec la tonique, par l'intermédiaire du *si*. Si l'on avait tout d'abord, comme on le fit plus tard, associé deux tétracordes

$$si \; \text{———} \; mi \; \text{———} \; la$$

on obtient pour le *ré* une affinité plus étroite du second degré, en le prenant comme quinte inférieure du *la*. Si *mi* = 1, $la = \frac{4}{3}$ et sa quinte inférieure $ré = \frac{9}{8}$. Cela donne le tétracorde :

$$si \smile ut \; - \; ré \; - \; mi$$
$$\frac{3}{4} \qquad \frac{4}{5} \qquad \frac{8}{9} \qquad 1$$

qui correspond aux valeurs trouvées par Didyme (Ier siècle avant J.-C.).

D'après l'ancienne théorie de Pythagore, dont je ferai plus bas la critique détaillée, tous les intervalles de la gamme diatonique seraient obtenus au moyen d'une série de quintes, et la disposition est la suivante :

$$si \smile ut \; - \; ré \; - \; mi$$
$$\frac{4}{3} \qquad \frac{81}{64} \qquad \frac{9}{8} \qquad 1$$
$$\underbrace{\qquad\qquad} \qquad \underbrace{\quad} \qquad \underbrace{\quad}$$
$$\frac{243}{256} \qquad\qquad \frac{9}{8} \qquad \frac{9}{8}$$

Le tétracorde ainsi obtenu est le *Dorien* des Grecs qui a été con-

sidéré comme le tétracorde normal et qui a servi de point de départ
à toutes les spéculations sur les autres gammes. Par conséquent
c'étaient toujours les sons limités par les demi-tons de la gamme,
qui étaient considérés, au moins théoriquement, comme les points
fixes des tétracordes, tandis que les sons intermédiaires pouvaient
changer de place. Dans la pratique, l'intonation de ces sons fixes
variait un peu quelquefois ; c'est ce que fait entendre Plutarque, et
cela s'explique par le fait, que, dans le mode lydien, phrygien, la tonique n'était pas un de ces sons fixes des tétracordes. Ainsi, plus
tard, par exemple, nous verrons que, si l'on prend pour tonique le *ré*, ·
le *si* de la gamme naturelle ne forme pas une quinte juste avec le *mi*.

Au reste, les tétracordes peuvent présenter une composition encore
différente, par l'intercalation de sons formant avec le son-limite
supérieur ou inférieur, soit une tierce majeure, soit une tierce
mineure.

Le tétracorde *phrygien* donne deux tierces mineures :

$$ré - mi \smile fa - sol$$
$$\frac{3}{4} \quad \frac{5}{6} \quad \frac{9}{10} \quad 1$$

En superposant au son-limite inférieur une tierce majeure, et en met-
tant au-dessous du son-limite supérieur une tierce mineure, nous
obtenons le tétracorde *lydien :*

$$ut - ré - mi \smile fa$$
$$\frac{3}{4} \quad \frac{5}{6} \quad \frac{15}{16} \quad 1$$

Deux tierces majeures auraient donné une variété bâtarde de la
gamme chromatique : *si — ut — ré* ♯ ⌣ *mi*, mais qui ne semble
point avoir été employée, ou du moins qui ne différerait point de
la gamme chromatique.

Telles ont été les divisions normales du tétracorde, mais il s'en est
présenté d'autres désignées par les Grecs eux-mêmes sous le nom
d'irrationnelles (ἄλογα); nous ne savons pas d'une manière certaine
dans quelles limites s'est étendu leur emploi dans la pratique.
L'une d'elles, le mode *diatonique doux,* emploie un intervalle très-
voisin de la consonnance naturelle 6 : 7, celui qui sépare la quinte
de la septième naturelle basse du son fondamental, et qui, occasionnellement, est aussi employé dans la musique harmonique
moderne, quand des chanteurs donnent sans accompagnement
la septième mineure d'un accord de septième. Les intervalles sont :

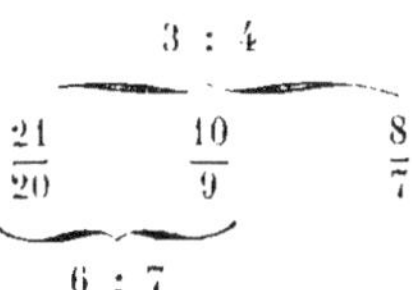

Le *lichanos* étant abaissé, le parhypate doit descendre aussi ; néanmoins le petit intervalle $\frac{21}{20}$ est toujours très-voisin du demi-ton de la gamme pythagoricienne, qui, réduit à sa plus simple expression, peut être représenté par la fraction $\frac{20}{19}$.

Dans le mode diatonique égal de Ptolémée dont la subdivision était :

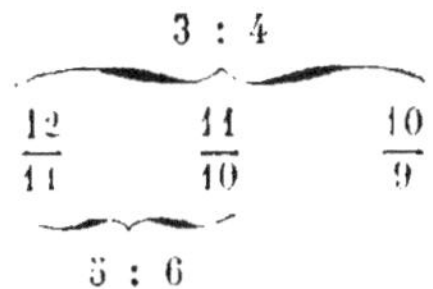

il se trouve une tierce mineure naturelle, mais celle-ci est divisée en deux portions aussi égales que possible. Une suite semblable de sons, mais disposés dans un ordre inverse, se retrouve dans la gamme arabe moderne, d'après les déterminations du Syrien Michael Meshakah (*Journal of the American Oriental Society*, tome I, p. 173, 1847). Ici l'octave est divisée en 24 quarts de tons ; le tétracorde en a dix ; l'intervalle inférieur en présente 4, et les deux autres chacun 3. De cette manière, les deux degrés supérieurs réunis forment tout près d'une tierce mineure, qui est partagée en deux tons égaux comme dans le système diatonique égal des Grecs, sans préoccupation d'aucune affinité sensible entre les sons ainsi intercalés.

Au reste, plus l'intervalle est petit, mieux on peut facilement et sûrement le partager en deux subdivisions égales, justes, d'après la sensation de cette différence de hauteur. C'est possible notamment pour les intervalles qui avoisinent la limite des différences perceptibles. Le degré de netteté, que la différence de la hauteur présente à l'oreille, donne une mesure de la grandeur des intervalles. C'est dans ce sens qu'on peut expliquer comment on a pu employer le dernier mode enharmonique des Grecs qui, au temps d'Aristoxène, était déjà retombé en désuétude, et n'a peut-être été usité plus tard que comme une curiosité archaïque. Dans ce mode, le demi-ton de l'ancien mode enharmonique d'Olympos est partagé encore en deux quarts de ton, ce qui donne quelque chose d'analogue au tétracorde chromatique, seulement avec des intervalles plus petits des sons voisins. La division d'un semblable tétracorde enharmonique était :

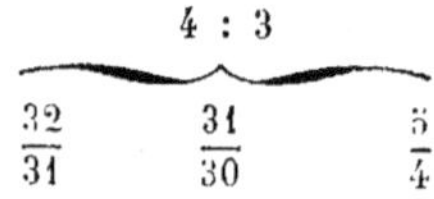

Nous ne pouvons nous expliquer ce quart de ton que comme un arrêt dans le mouvement mélodique vers le son-limite inférieur du tétracorde. C'est de cette manière qu'on trouve encore dans la musique orientale un intervalle de ce genre. Un musicien distingué allant au Caire et que j'avais prié d'examiner la question m'écrivit à ce sujet : « Cette nuit, j'ai écouté attentivement le chant sur les minarets pour me faire une opinion sur les quarts de ton que je ne croyais pas possibles, parce que je m'étais imaginé que les Arabes chantent faux. Aujourd'hui cependant, comme j'étais chez les Derviches, je suis arrivé à la conviction qu'il en existe, et cela par les raisons suivantes : plusieurs phrases d'une espèce de litanies se terminaient par un son qui était d'abord à un quart de ton du son juste avec lequel il finissait par se confondre. Comme la phrase se répétait souvent, j'ai eu chaque fois occasion de l'observer, et l'intonation a toujours été la même. » On trouve d'ailleurs, mentionnée chez les musicographes grecs, la difficulté à distinguer les quarts de ton de l'enharmonique.

Les interprètes modernes de la théorie musicale grecque ont généralement émis l'opinion que ces différences de hauteur, appelées *timbres* (χρόαι) chez les Grecs, n'étaient que des spéculations théoriques qui n'étaient jamais entrées dans l'application [1]. Ils supposent que ces différences sont si faibles, qu'il faudrait une éducation incroyablement raffinée de l'oreille, pour en apprécier l'effet esthétique. Je prétends, au contraire, que cette opinion des modernes théoriciens ne peut avoir pris naissance que parce qu'aucun d'entre eux n'a cherché à réaliser dans la pratique ces différents modes, et à les comparer au moyen de l'oreille. Au moyen de l'harmonium décrit p. 417 et suivantes [2], je puis comparer la gamme naturelle avec la gamme pythagoricienne et exécuter le mode diatonique, tantôt à la manière de Didyme, tantôt à celle de Ptolémée, ou produire même encore d'autres modifications. Il n'est pas du tout difficile d'apprécier une différence d'un comma $\frac{81}{80}$ entre

<hr>

(1) Bellermann, *Gammes grecques*, p. 27. Westphal, dans ses *Fragments de Rhythmique grecque*, p. 209, a rassemblé des passages d'auteurs grecs, qui montrent le véritable usage de la pratique. D'après Plutarque, *De Musicâ*, p. 38 et 39, les Grecs ont même fini par avoir une préférence pour les intervalles de la gamme syntonique.
(2) Voir note 1.

les sons, quand on exécute des airs connus dans les différents *timbres*,
et tous les musiciens devant lesquels j'ai fait l'expérience ont immédiatement reconnu la différence. Les passages mélodiques en tierces
pythagoriciennes présentent une dureté, provoquent un sentiment de
malaise, qui, avec les tierces naturelles, se changent en une impression d'harmonie, de pureté, de douceur. Et pourtant, la gamme tempérée, à laquelle nous sommes habitués, a des tierces plus voisines
des tierces pythagoriciennes que des tierces naturelles, auxquelles nous
sommes, par conséquent, moins accoutumés. En outre, en ce qui concerne la finesse du sentiment des choses artistiques, nous devons, nous
autres modernes, considérer les Grecs comme des modèles qui n'ont
jamais été surpassés. Dans le sujet qui nous occupe notamment, ils
avaient des occasions toutes particulières de donner par l'éducation à leur
oreille plus de finesse que nous. Nous sommes habitués, dès la jeu-
nesse, à nous accommoder de la fausseté du système tempéré, et toute
l'ancienne multiplicité des modes d'expression diverse s'est réduite à
la distinction, assez facile à faire, du majeur et du mineur. Les différents degrés d'expression que nous trouvons aujourd'hui dans les
accords et les modulations, les Grecs et les autres peuples qui n'ont
admis que la musique homophone, devaient chercher à les atteindre
par une disposition plus fine et plus variée des modes. Qu'y a-t-il
donc d'étonnant à ce que leur oreille fût beaucoup plus délicate que
la nôtre pour des nuances de ce genre ?

D'ailleurs à une époque déjà très-ancienne, la gamme grecque avait
été prolongée jusqu'à l'octave ; ce doit être Pythagore qui a complété
l'octave en y établissant les huit degrés de la gamme diatonique. On avait
d'abord rattaché deux tétracordes de façon qu'ils eussent un son commun, la μέση :

$$mi \smile fa - sol - la \smile si\flat - ut - ré$$

ce qui donnait une gamme à sept sons. Puis les sons furent disposés
dans l'ordre suivant :

$$mi \smile fa - sol - la - si \smile - ré - mi$$

la gamme se composait d'un tétracorde et d'un tricorde, comme on
l'a dit déjà plus haut ; en dernier lieu c'est Lichaon de Samos (suivant Bœthius) ou Pythagore (suivant Nicomaque) qui compléta le tricorde, et la gamme à huit sons se trouva ainsi constituée par deux
tétracordes distincts.

La gamme diatonique pouvait être prolongée à volonté par les octaves supérieures et inférieures de ses notes, et donnait ainsi une série régulière de tons alternant avec des demi-tons. Mais pour chaque morceau de musique on n'employa qu'une portion de cette échelle diatonique illimitée, et, suivant la différence des portions employées, on distingua différents systèmes.

Maintenant on peut interpréter de différentes manières la signification de ces gammes limitées : la première nécessité qui a dû s'imposer à la pratique, tant qu'on a fait usage d'instruments ayant un nombre limité de cordes, comme la lyre grecque, était évidemment de retrouver sur les cordes de la lyre tous les sons que présentait le morceau de musique. On déterminait par cette considération une série de sons que reproduisaient les cordes de l'instrument. Si on nous donne comme gamme une semblable série de sons, cela ne nous apprend rien, en général, sur la question de savoir s'il y a une tonique et quelle elle est. On trouvera un assez grand nombre de mélodies ayant pour tonique le son le plus grave, d'autres où figure la note sensible au-dessous de la tonique, d'autres où la quinte ou la quarte de l'octave grave sont la note la plus basse. La différence entre les gammes *authentiques* et *plagales* du moyen âge est de même nature. Dans les authentiques, c'est le son le plus grave de la gamme qui était la tonique, dans les plagales, c'était la quinte, par exemple :

Premier mode authentique du plain-chant, tonique *ré*.

ré — mi — fa — sol — la — si — ut — ré

Quatrième plagale, tonique *sol*.

ré — mi — fa — sol — la — si — ut — ré.

On les considérait, ainsi que le montrent les accolades, comme formées d'une quarte et d'une quinte ; la quinte était en bas dans les authentiques, et en haut dans les plagales. Si on ne nous donne rien autre chose qu'une gamme qui s'applique à l'assemblage fortuit d'une série de mélodies, nous ne pouvons en tirer que peu d'inductions sur le ton. Nous pouvons appeler gammes *accidentelles* celles qui s'adaptent seulement à certains airs (1), et gammes *essentielles*, celles qui, à la façon moderne, sont limitées en haut et en bas par la tonique. — Or, il est évident que les nécessités de la pratique n'ont pu conduire d'abord qu'aux gammes accidentelles. Il était absolument indispensable que la lyre, au moyen de laquelle on voulait accompagner le

____

(1) Entre autres, les gammes plagales du moyen âge.

chant à l'unisson, fût accordée de manière à présenter tous les sons
de l'air. Il n'y avait point d'intérêt pratique immédiat à désigner un
son comme la tonique d'un chant à une partie, et même à s'expliquer son existence, ses relations avec les autres sons. Il en est tout
autrement dans la musique moderne, où la structure de l'harmonie
dépend essentiellement de la tonique. Des considérations théoriques
sur la structure de la mélodie peuvent seules conduire à une défini-
tion de la tonique. Comme esthéticien, Aristote a laissé quelques notions sur ce sujet, mais, en revanche, les auteurs qui ont particulièrement écrit sur la musique n'en disent pas un mot : on l'a déjà vu
dans le précédent chapitre.

A l'apogée de la civilisation grecque, pour accompagner le chant
suivant les règles, on faisait usage de lyres à huit cordes, dont la ta-
blature correspondait à l'étendue de l'une des octaves empruntées à la
gamme diatonique ; c'étaient les suivantes :

1. Mode lydien :

ut — ré — mi — fa — sol — la — si — ut.

2. Mode phrygien :

ré — mi — fa — sol — la — si — ut — ré.

3. Mode dorien :

mi — fa — sol — la — si — ut — ré — mi.

4. Mode hypolydien (syntonolydien) :

fa — sol — la — si — ut — ré — mi — fa.

5. Mode hypophrygien (ionien) :

sol — la — si — ut — ré — mi — fa — sol.

6. Mode hypodorien (éolien ou locrien) :

la — si — ut — ré — mi — fa — sol — la.

7. Mode mixolydien :

si — ut — ré — mi — fa — sol — la — si — (ut).

Chaque degré de la gamme diatonique pouvait donc être employé comme son initial ou final d'un mode particulier. Les séries
lydienne et hypolydienne, phrygienne et hypophrygienne, dorienne
et hypodorienne, présentent chacune les tétracordes de même nom.
Dans le mode mixolydien, on paraît avoir admis deux tétracordes lydiens dont l'un est tronqué, comme l'indiquent les accolades
ci-dessus.

....

Jusqu'ici on a considéré ces gammes (tropes) de l'époque grecque, comme essentielles ; en d'autres termes, on a supposé que le son le plus grave (*hypate*) de chacune d'elles en était la tonique. Mais, à mon avis du moins, cette hypothèse ne repose sur aucune base certaine. Comme nous l'avons vu, ce que dit Aristote à ce sujet tendrait à faire considérer le son central (le *mese*) comme étant la tonique, tandis que d'autres attributs de notre tonique se rapportent à l'hypate (1).

Mais, que la tonique ait été le *mese* ou l'*hypate*, que les gammes aient été toutes plagales ou toutes authentiques, il n'en résulte pas moins très-vraisemblablement que les Grecs mêmes, chez lesquels nous trouvons pour la première fois la diatonique complète, se permettaient de prendre pour tonique tous les sons de la gamme, exactement comme nous l'avons vu pour la série à cinq sons des Chinois et des Gaëls. Nous retrouvons les mêmes gammes, empruntées directement aux anciennes traditions selon toute vraisemblance, dans l'ancien plain-chant chrétien. Par conséquent, dans le chant homophone, en faisant abstraction des gammes chromatiques et enharmoniques, ainsi que de celles tout à fait arbitraires des peuples d'Asie, qui ne se sont montrées susceptibles d'aucun progrès, il existait sept gammes diatoniques présentant entre elles des différences de même nature que celles de notre mode majeur et de notre mode mineur. Ces différences apparaissent plus nettement quand on rapporte toutes les gammes à la même tonique *ut* :

(1) Dans son *Histoire de la musique de l'Antiquité et du Moyen-Age*, Breslau, 1864, qui malheureusement est restée encore inachevée jusqu'ici, R. Westphal utilise les passages cités d'Aristote pour établir une hypothèse sur la tonique et le mode de terminaison des gammes dont il s'agit. Il applique les phrases d'Aristote, mais seulement à la gamme dorique, phrygienne, lydienne, mixolydienne et locrienne, et non aux gammes éoliennes et ioniennes déjà connues à cette époque, dont la terminaison n'a aucune explication admissible jusqu'ici. Dans les quatre premières, il admet que la *mese* est la tonique, et l'*hypate* la terminaison. Dans les modes caractérisés par le préfixe *hypo*, que l'hypate au contraire ait été à la fois la tonique et la terminaison, dans ceux dont les noms sont formés avec le mot *syntono*, que l'hypate ait été la terminaison et la tierce de la tonique, c'est ce qu'on trouverait peut-être dans le mode nommé *béotien*. Car il s'ensuit que la gamme mineure de *la* se présente comme dorienne avec terminaison en *mi*, comme hypodorienne avec terminaison en *la*, comme béotienne avec terminaison en *ut* ; qu'en outre le mixolydien est une gamme de *mi* avec seconde mineure et terminaison en *si*, le locrien une gamme de *ré* mineure avec sixte majeure et terminaison en *la*, le phrygien, hypophrygien, ou iastien et le syntonoiastien une gamme de sol majeur avec septième mineure, se terminant la première en *ré*, la seconde en *sol*, la troisième en *si*. Enfin les modes lydien, hypolydien et syntonolydien, auraient été une gamme de *fa* majeur avec quarte augmentée et terminaison en *ut, fa* ou *la* ; mais, suivant Westphal, la gamme majeure normale avait fait complétement défaut. Si on prend néanmoins l'ionien comme l'entendait Aristote, on obtient un véritable majeur. La tonique *fa* avec le *si* comme quarte est aujourd'hui tout à fait intolérable pour notre goût.

MODES	NOTATION DE GLARÉANUS.	NOUVELLE NOTATION PROPOSÉE.
Lydien. . . . . ut — ré — mi — fa — sol — la — si — ut	Ionien.	Mode majeur.
Ionien. . . . . ut — ré — mi — fa — sol — la — si♭ — ut	Mixolydien.	Mode de quarte.
Phrygien. . . . . ut — ré — mi♭ — fa — sol — la — si♭ — ut	Dorien. . . .	Mode de septième.
Éolien. . . . . . . ut — ré — mi♭ — fa — sol — la♭ — si♭ — ut	Éolien. . . .	Mode de tierce, ou mineur.
Dorien. . . . . . . ut — ré♭ — mi♭ — fa — sol — la♭ — si♭ — ut	Phrygien. .	Mode de sixte.
Mixolydien. . . ut — ré♭ — mi♭ — fa — sol♭ — la♭ — si♭ — ut	Lydien. . . .	Mode de seconde.
Syntonolydien. ut — ré — mi — fa♯ — sol — la — si — ut		Mode de quinte.

Pour qu'on pût s'y reconnaître, j'ai ajouté les noms donnés aux
modes de plain-chant par Glaréanus; sa classification repose, il est
vrai, sur une confusion des modes avec les gammes mineures grecques transposées, mais les termes en sont plus familiers aux musiciens que les vrais noms grecs. Au reste, je n'emploierai pas les
termes de Glaréanus sans ajouter expressément qu'ils se rapportent
à un mode du plain-chant; il vaudrait mieux la faire oublier. L'ancienne notation d'Ambrosius, au moyen de chiffres, était beaucoup
plus judicieuse; mais comme ces chiffres ont aussi été changés et ne
suffisent pas pour tous les modes, je me suis permis de proposer
moi-même, dans le tableau ci-dessus, de nouvelles notations qui
épargnent au lecteur la peine d'apprendre par cœur des noms grecs
dont les uns, ceux de Glaréanus, sont certainement faux, et les
autres ne valent peut-être guère mieux. Dans le nouveau système
proposé, l'expression *mode de quarte d'ut* signifierait une gamme
dont la tonique est *ut,* mais qui a la même armure à la clef que la
gamme majeure obtenue en commençant par la quarte d'*ut,* c'est-
à-dire *fa.* Il faut remarquer que par ces noms de septièmes, tierce,
sixtes et secondes, il faut toujours entendre l'intervalle mineur; si
nous avions pris l'intervalle majeur, la tonique ne serait pas comprise dans la gamme. Donc, le mode de tierce d'*ut* est la gamme de
tonique *ut* qui a à la clef l'armure de *mi♭* majeur, parce que *mi* est
la tierce mineure d'*ut;* c'est donc *ut* mineur, au moins dans la gamme
descendante. J'espère que le lecteur, au moyen de cette notation,
pourra voir toujours facilement ce dont il est question.

C'était là le système des gammes grecques pendant la période flo-
rissante de l'art, jusqu'au temps de la domination macédonienne.
Dans l'Antiquité, les airs de chant étaient compris dans un tétra-

corde, comme encore maintenant beaucoup de mélodies de la liturgie romaine; plus tard elles embrassèrent l'étendue d'une octave. Aussi, pour le chant, n'avait-on pas besoin de gammes beaucoup plus étendues; on évitait d'employer les sons trop hauts et forcés ainsi que les sons graves sourds de la voix humaine; encore aujourd'hui les chants populaires des Grecs modernes présentent une étendue remarquablement faible (1).

Si donc Phrynis (vainqueur aux Panathénées, 457 ans avant J.-C.) faisait déjà usage de la cithare à neuf cordes, l'avantage le plus essentiel de cette disposition était de pouvoir passer d'un mode dans un autre.

Plus tard, la gamme grecque, telle qu'elle se trouve pour la première fois au troisième siècle dans Euclide, embrasse deux octaves. Sa disposition est la suivante :

<pre>
la...   Son surajouté.................... Proslambanomenos.
si... ⎫
ut₁.. ⎬ Tétracorde grave................ Tetr. hypaton.
ré₁.. ⎪
mi..   ⎭
fa₁.. ⎫
sol₁. ⎬ Tétracorde moyen................ Tetr. menson.
la₁.. ⎭ .... la₁... ⎫
si..   .... si₁... ⎪ Tétracorde conjoint.
ut₂.. ⎪ Tétracorde disjoint........ ut₂... ⎬ T. synemmenon.
ré₂.. ⎨ T. diezeugmenon........... ré₂... ⎭
mi₂.. ⎩
fa₂.. ⎫
sol₂.. ⎬ Tétracorde surnuméraire......... T. hyperbolaion.
la₂.. ⎭
</pre>

Nous avons donc ici d'abord la gamme hypodorienne à deux octaves, puis un tétracorde ajouté qui, à côté du *si* de la première gamme, présente le *si*♭, ce qui permet, pour employer l'expression moderne, de moduler de la tonique à la sous-dominante (2).

Cette gamme, qui, au fond, est une gamme mineure, fut transposée, et on obtint ainsi une nouvelle série correspondant aux diverses gammes mineures descendantes de la musique moderne; mais on y transporta les anciens noms des modes, en donnant dans l'origine à

---

(1) Weitzmann en a recueilli un certain nombre (*Histoire de la Musique grecque.* Berlin, 1854).

(2) Cette espèce de gamme s'est conservée d'une étrange manière dans l'harmonica de bois en usage au Zillerthal dans le Tyrol. Cet instrument a deux séries de petites tiges ; l'une d'elles est une gamme diatonique régulière avec le tétracorde *diezeugmenon* ; l'autre, placée un peu plus bas, présente dans sa moitié supérieure le tétracorde *synemmenon*.

chaque *ton* mineur le nom du *mode* compris dans la gamme mineure
en question, entre les sons limites de la gamme hypodorienne. D'après la notation des Grecs, ces derniers doivent être écrits *fa — fa :*

ré — mi — | fa — sol — la — si♭ — ut — ré — mi — fa — | sol — la — si — ut — ré,

Mais, vraisemblablement, ils étaient plus bas d'une tierce. Ainsi, par
exemple, le ton de *ré* mineur prenait le nom de lydien, parce que,
dans cette gamme, la portion comprise entre les sons *fa* et *fa* appartenait au mode lydien. Les anciens noms de *modes* changeaient donc
leur signification pour celle de *tons*. Voici la liste de ces noms :

1° Hypodorien...	= *fa* mineur.	
2° Hypo-ionique (hypophrygien grave).	= *fa♯* —	
3° Hypophrygien....	= *sol*	
4° Hypéolien (hypolydien grave).....	= *sol♯* —	
5° Hypolydien...... .	= *la* —	
6° Dorien.....	= *si♭* —	
7° Ionien (phrygien grave)............	= *si* —	
8° Phrygien...	= *ut* —	
9° Éolien (lydien grave)...........	= *ut♯* mineur.	
10° Lydien........	= *ré* —	
11° Hyperdorien (mixolydien)	= *mi♭* —	
12° Hyperionien (mixolydien aigu)....	= *mi* —	
13° Hyperphrygien.. (hypermixolydien).	= *fa₀* —	addt. postérieure.
14° Hyperéolien.....	= *fa♯* —	
15° Hyperlydien.	= *sol♯* —	

Au moyen de chacune de ces gammes, on pouvait former chacun
des anciens modes, en utilisant la portion correspondante. En outre,
cette gamme permettait d'entrer dans le tétracorde *synemmenon*,
et, par suite, de moduler à la sous-dominante.

En faisant les essais de transposition qui ont servi de base à ces
gammes, on reconnut qu'on pouvait considérer approximativement
l'octave comme formée de douze demi-tons. Aristoxène savait déjà
qu'en procédant par quintes, on revenait, au douzième degré de la
série, à un son qui était, à peu près au moins, une des octaves supérieures du son initial. Par conséquent, dans la série :

fa — ut — sol — ré — la — mi — si — fa♯ — ut♯ — sol♯ — ré♯ — la♯ — mi♯

il identifiait le *mi♯* avec le *fa*, et terminait ainsi la série des sons engendrés par quintes. Les mathématiciens, il est vrai, repoussaient
cette manière de voir, et ils avaient raison, en ce sens que, dans la
série vraiment juste des quintes, le *mi♯* est un peu plus haut que le
fa. Mais, dans la pratique, cette erreur était tout à fait inappréciable,
et pouvait être négligée sans aucun scrupule, surtout dans la musique
homophone (1).

(1) Pour la connaissance critique des systèmes grecs, il n'est pas sans importance de
rappeler le fait suivant :

La série des développements de la gamme grecque se trouve ainsi terminée. Mais si nous avons sur les formes extérieures, des notions assez complètes, nous ne connaissons que bien peu le fond des choses, parce que les mélodies qui nous sont parvenues comme exemples, sont en trop petit nombre et d'une origine trop douteuse.

Quoi qu'il en soit de la tonalité des gammes grecques, et bien que beaucoup de questions restent encore indécises sur ce sujet, nous trouvons ce dont nous avons besoin, pour la théorie du développement historique général des modes, dans les lois du plus ancien plain-chant, dont les origines se rattachent encore au système artistique de l'Antiquité. Au quatrième siècle de notre ère, l'évêque Ambroise de Milan, institua pour le chant d'Église, quatre tons qui étaient, dans le système des gammes diatoniques non altérées :

1er ton.   *ré — mi — fa — sol — la — si — ut — ré,*   mode de septième.
2e ton.   *mi — fa — sol — la — si — ut — ré — mi,*   mode de sixte.
3e ton.   *fa — sol — la — si — ut — ré — mi — fa,*   { mode de seconde (non mélodique).
4e ton.   *sol — la — si — ut — ré — mi — fa — sol,*   mode de quarte.

Mais, de même que dans les dernières gammes grecques, le son *si* était resté variable, et pouvait être remplacé par le *si♭*, on avait ainsi les quatre tons suivants :

1er.   *ré — mi — fa — sol — la — si♭ — ut — ré,*   mode de tierce (mineur).
2e.   *mi — fa — sol — la — si♭ — ut — ré — mi,*   { mode de seconde (non mélodique).
3e.   *fa — sol — la — si♭ — ut — ré — mi — fa,*   mode majeur.
4e.   *sol — la — si — ut — ré — mi — fa — sol,*   mode de septième.

On ne peut douter que ces gammes ambrosiennes ne doivent être considérées comme essentielles, car l'ancienne règle est de terminer en *ré*, en *mi*, en *fa*, en *sol,* les mélodies écrites dans la première, la

---

Dans les tombeaux des rois égyptiens à Thèbes, on a trouvé une flûte (aujourd'hui au musée de Florence n° 2688) qui, suivant M. Fétis, donne une gamme par demi-tons presque complète pour une octave et demie, savoir :

1re Série des sons fondamentaux.	$la_0si_0si_0ut_1ut\sharp_1ré_1$
Premiers harmoniques.......	$la\flat_1si_1si_1ut_2ut\sharp_2ré_2$
Deuxièmes —	$mi_2fa_2fa\sharp_2sol_2sol\sharp_2la_2$
Troisièmes —	$la_2si\flat_2si_2ut_3ut\sharp_3ré_3.$

On trouve des dessins de flûtes semblables sur les plus anciens monuments de l'Égypte ; elles sont très-longues ; les trous sont tout près d'une extrémité, ce qui devait obliger à les jouer le bras très-étendu. De là une attitude caractéristique pour l'homme qui joue de cet instrument.

Il est difficile que cette ancienne gamme par demi-tons soit restée ignorée des Grecs. De ce qu'elle apparaît pour la première fois dans leurs théories au temps d'Alexandre, on peut inférer à quel point ils préféraient la gamme diatonique.

seconde, la troisième et la quatrième gamme; le son initial de chacune d'elles présente donc le caractère d'une tonique. Nous pouvons
considérer cette règle donnée par Ambroise comme une simplification pratique, à l'usage de ses choristes, de l'ancienne théorie, surchargée d'une nomenclature illogique; nous avions donc raison de
supposer que les gammes analogues de l'apogée de la civilisation grecque pouvaient toutes être effectivement employées comme essen·
tielles.

Le pape Grégoire le Grand intercala entre les gammes ambrosiennes un nombre égal de gammes accidentelles, celles dites *plagales*, allant de la quinte à la douzième de la tonique. Par opposition,
les ambrosiennes étaient appelées *authentiques*. L'existence de ces
gammes plagales dans la musique d'Église ne fit qu'augmenter le
chaos qui régnait à la fin du Moyen-Age dans le plain-chant, au moment où les compositeurs commençaient à négliger les anciennes
règles sur la position du son final; et ce chaos même servit à favoriser
un développement plus libre du système musical. On voit aussi, d'ailleurs, comme nous l'avons remarqué dans le précédent chapitre, que
le sentiment de la prépondérance de la tonique, n'était pas encore
très-développé au Moyen-Age; cependant, par rapport aux écrivains
grecs, on avait fait au moins le progrès de reconnaître comme règle,
sinon d'observer d'une manière constante, la loi de la terminaison
sur la tonique.

En 1547, Glaréanus, dans son *Dodécachordon*, chercha à rétablir
dans sa pureté la théorie des tons. Il prouva, par l'étude des compositions musicales de ses contemporains, qu'il fallait distinguer non quatre,
mais six gammes authentiques qu'il décora des noms grecs donnés
plus haut. A cela, il ajouta six gammes plagales, et distingua en tout
douze tons, d'où vient le titre de son livre. Par conséquent, encore au
seizième siècle, on rassemblait, dans une même série, des gammes
essentielles et accidentelles. Parmi les tons de Glaréanus, il y en a encore un, non mélodique, pour le mode de quinte, et qu'il appelle
mode lydien.. Les exemples de ce mode font défaut, comme Winterfeld s'en est assuré dans une étude approfondie de la musique du
Moyen-Age (1), ce qui paraît confirmer le jugement de Platon sur le
mixolydien et le syntonolydien.

Il ne reste donc, comme modes mélodiques, employés rigoureusement dans le chant homophone et polyphone, que les cinq qui suivent :

	NOTATION PROPOSÉE.	NOTATION GRECQUE.	D'APRÈS GLARÉANUS.	GAMMES.
1.	Majeur.	Lydien.	Ionien.	$ut - ut_1$
2.	Mode de quarte.	Ionien.	Mixolydien.	$sol - sol_1$
3.	Mode de septième.	Phrygien.	Dorien.	$ré - ré_1$
4.	Mode de tierce.	Éolien.	Éolien.	$la - la_1$
5.	Mode de sixte.	Dorien.	Phrygien.	$mi - mi$

La construction rationnelle des gammes d'une ou plusieurs octaves se déduit du principe de l'affinité des sons définie plus haut. La limite jusqu'à laquelle nous pourrons aller dans cette série des alliés du premier degré est déterminée par la nécessité d'éviter des intervalles trop petits pour permettre de faire sûrement la distinction entre les sons. Les lacunes un peu considérables restant encore à combler, seront remplies par les plus proches alliés du second degré. Dans l'origine, les Chinois et les Gaëls admettaient comme limite le ton, les Grecs le demi-ton. Ceux-ci ont trouvé le quart de ton dans leur système enharmonique, mais ils l'ont rejeté plus tard. En revanche, les Asiatiques admettent, dit-on, encore aujourd'hui le tiers et le quart de ton. Les Européens ont adopté la division des Grecs, et ont pris pour limite le demi-ton $\frac{16}{15}$. L'intervalle entre le $mi\flat$ et le mi, ainsi qu'entre le $la\flat$ et le la, est plus faible ; il est de $\frac{25}{24}$; aussi, devons-nous éviter de mettre le mi et le $mi\flat$, le $la\flat$ et le la dans la même gamme. Nous obtenons donc les deux séries suivantes des sons présentant les relations les plus étroites, dans la gamme montante et descendante :

$$\text{En montant}\dots\dots\quad ut_1 - mi_1 - fa_1 - sol_1 - la_1 - ut_2$$

$$\frac{5}{4}\quad \frac{16}{15}\quad \frac{9}{8}\quad \frac{10}{9}\quad \frac{6}{5}.$$

$$\text{En descendant}\dots\dots\quad ut_1 - la\flat_0 - sol_0 - fa_0 - mi\flat_0 - ut_0$$

$$\frac{5}{4}\quad \frac{16}{15}\quad \frac{9}{8}\quad \frac{10}{9}\quad \frac{6}{5}.$$

Par conséquent, les trois gammes ascendantes qui s'expliquent le mieux sont les suivantes :

$$ut_1 - mi_1 - fa_1 - sol_1 - la_1 - ut_2$$
$$ut_1 - mi\flat_1 - fa_1 - sol_1 - la_1 - ut_2$$
$$ut_1 - mi\flat_1 - fa_1 - sol_1 - la\flat_1 - ut_2.$$

Ces différences, qui reposent sur une relation du second degré par l'octave, sont très-faibles. Elles ont leur valeur, néanmoins, dans la formation connue de la gamme mineure ascendante où elles se présentent.

En descendant, à partir de ut_1, on peut, au lieu des alliés du premier degré dans la série :

$$ut_1 - la\flat_0 - sol_0 - fa_0 - mi\flat_0 - ut_0,$$

prendre aussi les alliés de l'ut_0 :

$$ut_1 - la_0 - sol_0 - fa_0 - mi_0 - ut_0.$$

Dans cette dernière gamme, le la_1 est relié au point de départ ut_1 par la faible affinité du premier degré 5 : 6, et le mi seulement par celle du second degré. On peut donc encore former les trois gammes :

$$ut_1 - la - sol - fa - mi\flat - ut,$$

que nous avons trouvées en montant. Pour les gammes descendantes, nous avons les séries :

$$ut_1 - la\flat - sol - fa - mi\flat - ut$$
$$ut_1 - la - sol - fa - mi\flat - ut$$
$$ut_1 - la - sol - fa - mi - ut$$

D'une manière générale, de même que toutes les octaves de la tonique, éloignées ou voisines, aiguës ou graves, sont avec elle en relation si étroite, qu'elles peuvent presque être identifiées avec elle ; de même aussi, les octaves de chacun des degrés ont, avec la tonique, une parenté presque du même ordre que les sons de même nom les plus voisins de la tonique.

Après l'octave, les alliés les plus proches de l'ut_1 sont la quinte supérieure sol_1 et la quinte inférieure fa_0. Leurs propres alliés doivent donc entrer d'abord en considération dans la formation de la gamme. Prenons d'abord les alliés du sol.

GAMME ASCENDANTE :

Alliés de ut_1... $\quad ut_1 \text{———} mi_1 - fa_1 - sol_1 - la_1 - ut_2,$
Alliés de sol_1.. $\quad ut_1 - ré_1 - mi\flat_1 \text{———} sol_1 \text{———} si_1 - ut_2,$

dont la combinaison donne :

1° *La gamme majeure* (mode lydien des Grecs) :

$$ut_1 - ré_1 - mi_1 - fa_1 - sol_1 - la_1 - si_1 - ut_2,$$
$$1 \quad \frac{9}{8} - \frac{5}{4} \quad \frac{4}{3} \quad \frac{3}{2} \quad \frac{5}{3} \quad \frac{15}{8} \quad 2.$$

Le changement du mi_1 en $mi\flat_1$ est ici facilité encore par l'affinité avec le sol_1. Cela donne :

2° *La gamme mineure ascendante* :

$$ut_1 - ré_1 - mi\flat_1 - fa_1 - sol_1 - la_1 - si_1 - ut_2,$$
$$1 - \frac{9}{8} \quad \frac{6}{5} \quad \frac{4}{3} \quad \frac{3}{2} \quad \frac{5}{3} \quad \frac{15}{8} \quad 2.$$

GAMME DESCENDANTE :

Alliés de ut_1... ut_1 ———— $la\flat_0 - sol_0 - fa_0 - mi\flat_0$ ———— $ut_0,$
Alliés de sol... $ut_1 - si_0\flat$ ———— sol_0 ———— $mi\flat_0 - ré_0 - ut_0,$

d'où :

3° *La gamme mineure descendante* (mode hypodorien ou éolien des Grecs. — Mode de tierce) :

$$ut_1 - si\flat_0 - la\flat_0 - sol_0 - fa_0 - mi\flat_0 - ré_0 - ut_0,$$
$$2 \quad \frac{9}{5} \quad \frac{8}{5} \quad \frac{3}{2} \quad \frac{4}{3} \quad \frac{6}{5} \quad \frac{9}{8} - 1,$$

ou, dans la gamme mixte qui change $la\flat$ en la :

4° *Mode de septième* (phrygien des Grecs) :

$$ut_1 - si\flat_0 - la_0 - sol_0 - fa_0 - mi\flat_0 - ré_0 - ut_0,$$
$$2 \quad \frac{9}{5} \quad \frac{5}{3} \quad \frac{3}{2} \quad \frac{4}{3} \quad \frac{6}{5} \quad \frac{9}{8} \quad 1.$$

Prenons maintenant les alliés de la quinte inférieure *fa*, nous trouvons les gammes suivantes :

EN MONTANT :

Alliés de l'ut_1... ut_1 ———— $mi_1 - fa_1 - sol_1 - la_1$ — ut_2
Alliés de fa..... $ut_1 - ré_1$ ———— fa_1 ———— $la_1 - si\flat_1 - ut_2$

ce qui donne :

5° *Mode de quarte* (hypophrygien ou ionien des Grecs) :

$$ut_1 - ré_1 - mi_1 - fa_1 - sol_1 - la_1 - si\flat_1 - ut_2$$
$$1 \quad \frac{10}{9} \quad \frac{5}{4} \quad \frac{4}{3} \quad \frac{3}{2} \quad \frac{5}{3} \quad \frac{16}{9} \quad 2.$$

Changeons mi_1 en $mi\flat_1$, nous retrouvons :

6° *Mode de septième*, mais avec d'autres déterminations pour les sons intercalaires $ré_1$ et $si\flat_1$:

$$ut_1 - ré_1 - mi\flat_1 - fa_1 - sol_1 - la_1 - si\flat_1 - ut_2$$
$$1 \quad \frac{10}{9} \quad \frac{6}{3} \quad \frac{4}{3} \quad \frac{3}{2} \quad \frac{5}{3} \quad \frac{16}{9} \quad 2.$$

GAMMES DESCENDANTES :

Alliés d'ut_1.... ut_1 ——————— $la\flat$ — sol — fa — $mi\flat$ — ut,
Alliés de fa... ut_1 — $si\flat$ — la ——————— fa ———— $ré\flat$ — ut

d'où :

7° *Mode de sixte* (dorien des Grecs) :

$$ut_1 - si\flat_0 - la\flat_0 - sol_0 - fa_0 - mi\flat_0 - ré\flat_0 - ut_0,$$
$$2 \quad \frac{16}{9} \quad \frac{8}{5} \quad \frac{3}{2} \quad \frac{4}{3} \quad \frac{6}{5} \quad \frac{16}{15} \quad 1.$$

Voilà donc les modes mélodiques des Grecs et de l'ancienne Église chrétienne, tous retrouvés ici par la voie naturelle de la déduction logique. Par le fait, tous ces modes sont également justifiés, tant qu'il ne s'agit que de chant homophone.

J'ai d'abord donné ici les gammes telles qu'on peut les déduire de la manière la plus naturelle. Mais, comme nous avons vu que chacune des trois gammes

$$ut_1 - mi_1 - fa_1 - sol_1 - la_1 - ut_2,$$
$$ut_1 - mi\flat_1 - fa_1 - sol_1 - la_1 - ut_2,$$
$$ut_1 - mi\flat_1 - fa_1 - sol_1 - la\flat_1 - ut_2$$

peut être prise aussi bien en montant qu'en descendant, si la première s'adapte mieux au mouvement ascendant et la dernière au mouvement descendant, on peut combler les lacunes de chacune d'elles au moyen des alliés du sol_1 ou du fa, et même certains vides par un allié du fa, d'autres par un allié du sol.

Les valeurs numériques des alliés directs de la tonique sont naturellement fixes (1) et invariables, parce qu'elles sont directement fournies par les rapports consonnants avec la tonique, et par suite, déterminées plus sûrement que par toute autre relation plus

(1) Je ne peux pas admettre, comme le veut Hauptmann, que, dans la gamme mineure ascendante, se trouve le *la* pythagoricien, la quinte du *ré*. D'Alembert veut mettre le même son dans la gamme majeure quand il passe du *sol* au *si*, par l'intermédiaire de la base fondamentale *ré*. Ce serait là une modulation en *sol majeur* bien caractérisée, qui n'est pas nécessaire, si on détermine les rapports naturels des sons avec la tonique. Voir Hauptmann, *Harmonik und Metrik*, p. 60.

éloignée. En revanche, les sons complémentaires dont l'affinité n'est que du second degré ne sont pas donnés d'une manière aussi précise.

Pour les secondes, nous avons, en posant $ut_1 = 1$:

1° Le *ré* allié du *sol* $= \frac{9}{8}$;

2° Le *ré* allié du *fa* $= \frac{10}{9} = \frac{9}{8} \times \frac{80}{81}$;

3° Le *ré♭* allié du *fa* $= \frac{16}{15}$;

Pour les septièmes :

1° Le *si* allié du *sol* $= \frac{15}{8}$;

2° Le *si♭* allié du *sol* $= \frac{9}{5}$;

3° Le *si♭* allié du *fa* $= \frac{16}{9} = \frac{1}{5} \times \frac{80}{81}$.

Tandis que le *si* et le *ré♭* sont donnés d'une manière certaine, le *si♭* et le *ré* restent indéterminés. Tous deux peuvent former avec la tonique *ut*, un ton majeur $\frac{9}{8}$, ou un ton mineur $\frac{10}{9}$.

Pour pouvoir désigner d'une manière précise et sans équivoque ces différences de ton, nous allons faire usage d'une notation nouvelle qui, comme celle d'Hauptmann, employée dans l'édition allemande de mon livre, permettra de distinguer les sons obtenus par une série de quintes, de ceux fournis par l'affinité de la tierce avec la tonique. Nous avons déjà vu que ces deux modes de détermination donnent des hauteurs un peu différentes, et que les résultats doivent rester distincts dans des recherches théoriques, bien que la pratique musicale moderne les confonde ordinairement. — Nous désignerons par :

$$ut, \; sol, \; ré, \; la, \; mi, \; \text{etc.}$$

une série de quintes justes ; par

$$\overline{ut}, \; \overline{sol}, \; \overline{ré}, \; \overline{la}, \; \overline{mi}, \; \text{etc.}$$

les sons plus élevés de $\frac{81}{80}$, c'est-à-dire d'un intervalle qu'on appelle un *comma*, que ceux de la série précédente, et par

$$\underline{ut}, \; \underline{sol}, \; \underline{ré}, \; \underline{la}, \; \underline{mi}, \; \text{etc.}$$

ceux plus graves de la même quantité.

Un son, plus élevé ou plus bas de deux *commas* que le terme correspondant de la série des quintes, sera désigné par $\overline{\overline{ut}}$ ou $\underline{\underline{ut}}$, etc.

Dans ce système, l'accord majeur dont les intervalles sont expri-
més par les nombres

$$1, \quad \frac{5}{4}, \quad \frac{3}{2}$$

est représenté par

$$ut, \quad mi, \quad sol,$$

la tierce naturelle étant inférieure de $\frac{81}{80}$ à la tierce obtenue par
quintes :

$$\frac{5}{4} = \frac{81}{64} \times \frac{80}{81},$$

il pourrait encore s'écrire :

$$\overline{ut}, \quad mi, \quad \overline{sol},$$

l'intervalle $mi\ \overline{ut}$ étant exprimée par

$$\frac{81}{64} : 1 \times \frac{81}{80} = \frac{80}{64} = \frac{5}{4}.$$

et $\overline{sol}\ mi$, par

$$\frac{3}{2} \times \frac{81}{80} : \frac{81}{64} = \frac{6}{5}, \quad \text{ou une tierce mineure ;}$$

ou bien par

$$ut, \quad mi, \quad sol.$$

L'accord parfait mineur, exprimé par les nombres

$$1, \quad \frac{6}{5}, \quad \frac{3}{2},$$

sera représenté par

$$ut, \quad \overline{mi\flat}, \quad sol ;$$

la tierce mineure naturelle $mi\flat\ ut$, égale à $\frac{6}{5}$ est supérieure d'un
comma à la tierce mineure obtenue par quintes $\frac{32}{27}$; $\frac{6}{5} = \frac{32}{27} \times \frac{81}{80}.$
Les trois séries des alliés immédiats de l'ut doivent donc s'écrire :

$$ut - mi - fa - sol - la - ut_1$$
$$ut - mi\flat - fa - sol - la - ut_1$$
$$ut - \overline{mi\flat} - fa - sol - \overline{la\flat} - ut_1$$

et les sons complémentaires sont : entre la tonique et la tierce :
$ré$, $\overline{ré}$ ou $ré\flat$; entre la sixte et l'octave si, $si\flat$ ou $si\flat$.

Par conséquent, les modes mélodiques de la musique grecque et du plain-chant chrétien donnent les gammes suivantes :

1° Mode majeur :

$$ut - ré - \underline{mi} - fa - sol - \underline{la} - \underline{si} - ut_1 ;$$
$$\underline{(ré)}$$

2° Mode de quarte :

$$ut - ré - \underline{mi\flat} - fa - sol - \underline{la} - si\flat - ut_1 ;$$
$$\underline{(ré)} \qquad \overline{(si\flat)}$$

3° Mode de septième :

$$ut - ré - mi\flat - fa - sol - \underline{la} - si\flat - ut_1.$$
$$\underline{(ré)} \qquad \overline{(si\flat)}$$

4° Mode de tierce :

$$ut - ré - \overline{mi\flat} - fa - sol - \overline{la\flat} - si\flat - ut_1.$$
$$(ré) \qquad \overline{(si\flat)}$$

5° Mode de sixte :

$$\overline{ut} - \overline{ré\flat} - mi\flat - fa - sol - \overline{la\flat} - si\flat - ut_1.$$
$$\overline{(si\flat)}$$

Dans ce mode de notation, par conséquent, la hauteur des sons est exprimée d'une manière précise, par la détermination de la nature de la consonnance formée par la tonique et ses alliés.

Les mêmes gammes, dans l'ancien système grec de Pythagore, devraient d'ailleurs s'écrire :

Mode majeur :

$$ut - ré - mi - fa - sol - la - si - ut_1,$$

et ainsi des autres.

Dans cette manière d'écrire les modes diatoniques, la hauteur de la seconde et celle de la septième restent en partie indéterminées. Dans ce cas, j'ai placé le *ré* avant le *ré* et le *si*♭ avant le $\overline{si\flat}$, parce que l'affinité est plus grande dans les quintes que dans les tierces. Or, *si*♭ et *ré* sont en rapport de quinte avec *fa* et *sol*, alliés directs de la tonique, tandis que *ré* et $\overline{si\flat}$ ne sont qu'en rapport de tierce. Ce n'est pourtant pas une raison suffisante pour exclure absolument ces dernières notes du chant homophone. Car, si, dans le mouvement mélodique, la seconde du ton arrive dans le voisinage des alliés du *fa*, par exemple entre le *fa* et le *la*, ou immédiatement après, il sera certainement plus naturel pour un chanteur ayant une bonne intonation, de donner le *ré* directement allié au *fa* et au *la*, que le *ré* qui n'a, avec ces derniers, qu'une relation du troisième degré. La parenté plus étroite de ce *ré* avec la tonique peut ici à peine décider la question.

Je ne pense pas non plus, que cette incertitude entre les sons complémentaires soit un défaut du système musical, car, dans la gamme mineure moderne, la sixte et la septième peuvent varier non-seulement d'un comma, mais d'un demi-ton, suivant le sens du mouvement mélodique. Nous apprendrons d'ailleurs, dans le chapitre suivant, à connaître des raisons plus décisives pour choisir entre le *ré* et le *ré*, lorsque nous passerons de la musique homophone à l'influence de l'harmonie sur les gammes.

L'explication qui précède de la construction rationnelle des gammes et de la détermination des intervalles diffère essentiellement de celle donnée aux Grecs par Pythagore et qui depuis ce philosophe jusqu'à nous a défrayé toutes les théories musicales et sert encore de base à notre notation actuelle. Pythagore faisait dériver la gamme de la série des quintes

$$fa - ut - sol - ré - la - mi - si$$

et calculait les intervalles en conséquence. Dans la gamme diatonique ne figuraient que deux petits intervalles, le ton $\frac{9}{8}$ et le limma $\frac{256}{243}$.

Si l'on prend l'*ut* pour tonique, le *la* aurait une affinité du troisième degré, le *mi* du quatrième, le *si* du cinquième ; toutes relations absolument imperceptibles à la sensation auditive immédiate.

Néanmoins, si telle est l'origine de la gamme diatonique, son existence ne peut être encore expliquée ainsi. On peut accorder un instrument suivant une série de quintes, indéfiniment prolongées, mais il est impossible au chanteur ou à l'auditeur, dans le passage d'un *ut* à un *mi*, de sentir que ce dernier son est séparé du premier par quatre intervalles de quinte. Même dans la relation du second degré par quintes, de l'*ut* au *ré*, il est douteux que l'auditeur sente le lien des deux sons. On peut ici, il est vrai, entre les deux sons intercaler par la pensée un *sol* muet, quarte inférieure d'*ut*, quinte inférieure de *ré*, et établir ainsi la liaison, sinon pour l'oreille physique, au moins pour la mémoire. On pourrait peut-être comprendre ainsi, comment Rameau et d'Alembert expliquent le passage de l'*ut* au *ré* au moyen d'une basse fondamentale *pensée* par le chanteur. Comme ce dernier n'entend pas la basse *sol* en même temps que son *ré*, il ne peut émettre cette note de manière qu'elle forme une consonnance avec le *sol ;* mais il peut faciliter le passage mélodique en pensant ainsi à un son intermédiaire. C'est là, comme on sait, un moyen souvent avantageux pour arriver à prendre un intervalle difficile. En revanche, ce moyen est naturellement impraticable quand il s'agit de sons plus éloignés l'un de l'autre dans la série des quintes.

Enfin, dans cette série, il n'y a aucune raison de s'arrêter lorsque la gamme diatonique est remplie. Pourquoi ne pas arriver à la gamme chromatique à 12 demi-tons ? Pourquoi cette inégalité singulière entre les degrés

$$1, \ 1, \ \tfrac{1}{2}, \ 1, \ 1, \ 1, \ \tfrac{1}{2},$$

par lesquels nous terminons notre gamme ? La série prolongée des quintes n'aurait pas donné des intervalles plus petits que ceux qui existent déjà. Il paraît que l'ancienne gamme à cinq sons proscrivait les demi-tons comme intervalles trop faibles. Mais pourquoi ne pas les admettre tous quand on en a déjà deux ?

Jetons un coup d'œil rétrospectif sur les résultats obtenus.

Il y a une certaine classe de sons privilégiés que nous préférons à tous les autres, dans la mélodie comme dans l'harmonie, et qu'on peut même considérer comme définitivement indispensables au développement artistique de la musique perfectionnée ; ce sont les sons munis d'harmoniques, c'est-à-dire ceux dont les sons partiels ont pour nombres de vibrations des multiples entiers du nombre de vibrations du son partiel fondamental. Pour produire un bon effet musical, nous demandons une certaine intensité moyenne des cinq ou six premiers harmoniques, une faible intensité des sons partiels plus élevés.

Objectivement, cette classe de sons munis d'harmoniques se distingue en ce qu'elle comprend tous les mouvements sonores produits par un phénomène mécanique régulièrement prolongé, et qui déterminent une sensation correspondante également régulière et prolongée. Parmi eux figurent en première ligne les sons de la voix humaine, le premier instrument de musique de l'homme par l'antiquité et l'importance. Les sons de tous les instruments à vent et à archet appartiennent à cette classe.

Parmi les corps, qui résonnent sous le choc, quelques-uns, comme les cordes, ont précisément des sons partiels harmoniques ; ce sont eux qui sont le mieux appropriés à la musique artistique.

La plupart des autres, membranes, tiges, plaques, etc., ont des sons partiels non harmoniques ; et il n'y a que ceux dont les sons partiels non harmoniques ont une faible intensité, qui puissent isolément et occasionnellement être employés dans la construction des instruments.

Les corps sonores qui résonnent par le choc peuvent, il est vrai, prolonger assez longtemps leur son, mais sans pouvoir lui conserver une intensité régulière ; ils ne peuvent donner qu'un son qui s'éteint et diminue plus ou moins vite. L'intensité prolongée du son, nécessaire à l'expression musicale, n'est donc possible qu'avec les instruments de la première catégorie qui peuvent tenir la note et dont tous les sons partiels sont des harmoniques. En revanche, les corps sonores qui résonnent par le choc acquièrent une valeur particulière quand il s'agit d'accentuer plus nettement le rhythme.

Pour préférer les sons exclusivement composés d'harmoniques, il y a une seconde raison qui est subjective, et repose sur la construction de notre oreille. D'après cette construction, en effet, chaque son simple doué d'une intensité suffisante, éveille en nous la sensation d'harmoniques faibles, et chaque combinaison de plusieurs sons simples nous donne la sensation de sons résultants, comme je l'ai expliqué à la fin du septième chapitre. Toutes les fois par conséquent qu'on émet, isolément et avec assez de force, des sons munis de sons partiels non harmoniques, on obtient des dissonances, tandis que les sons simples eux-mêmes dans l'oreille participent dans une certaine mesure de la nature des sons complexes formés d'harmoniques.

Historiquement, nous pouvons bien admettre que toute musique a commencé par le chant ; ce n'est que plus tard qu'on a appris à reproduire les effets mélodiques du chant avec les sons d'autres instruments qui par leur timbre ressemblaient aux sons de la voix humaine. En définitive, même avec tous les progrès de la facture, le choix des instruments de musique doit se restreindre à ceux qui donnent des sons harmoniques ; c'est ce qui résulte de tous les faits connus.

Ce choix limité à certains instruments nous prouve plus sûrement encore que les sons harmoniques ont joué, dans les développements de l'art musical, un rôle essentiel, et cela non-seulement dans l'harmonie, comme le montre la seconde partie de notre livre, mais aussi dans la mélodie.

D'autre part nous pouvons à chaque instant nous convaincre de l'importance essentielle des harmoniques dans la mélodie, par le défaut d'expression des airs formés de sons objectivement simples, par exemple des tuyaux bouchés de l'orgue, chez lesquels les harmoniques ne résonnent que subjectivement dans l'oreille et avec une faible intensité.

Dans toute la musique connue, on retrouve la nécessité de procéder par degrés ou intervalles nettement définis ; mais le choix de ces degrés eux-mêmes a beaucoup varié. Pour entonner et distinguer avec sûreté des degrés de faible étendue, il faut une culture plus raffinée de la pratique musicale et de l'oreille, que pour des intervalles plus grands. D'après cela, nous trouvons que presque tous les peuples non civilisés proscrivent l'emploi des demi-tons, et n'admettent que des gammes à grands intervalles. Chez quelques nations cultivées, les Chinois, les Gaëls, cette gamme a pris racine dans le goût national.

En prenant le procédé le plus simple dans la détermination de ces intervalles, il aurait semblé naturel de les faire tous égaux entre eux, c'est-à-dire également faciles à distinguer dans la sensation. Ce mode de division est possible dans toutes nos sensations, comme Fechner l'a montré dans ses recherches sur la loi psychophysique. Nous le trouvons dans les subdivisions du rhythme musical, les astronomes s'en servent dans la comparaison des intensités lumineuses des étoiles de différentes grandeurs. Dans le domaine de la musique même, l'emploi de la gamme chromatique moderne du piano présente un exemple de cette division. Mais bien que, dans certaines variétés peu usitées des gammes de la musique grecque ou de la musique orientale moderne, on trouve des exemples d'intervalles isolés subdivisés en parties égales, il semble néanmoins que, dans aucun temps et aucun pays, il n'y ait eu de musique dont les airs procèdent par degrés égaux d'une manière continue; les grands et les petits intervalles sont entremêlés dans les gammes d'une façon qui semblerait tout à fait arbitraire et irrégulière, si l'on ne tenait compte du principe de l'affinité des sons.

Dans toute la musique de tous les temps, les intervalles d'octave et de quinte présentent sur tous les autres une prépondérance nettement marquée. Leur différence est la quarte qui diffère elle-même de la quinte du ton pythagoricien 8 : 9; celui-ci divise l'octave avec une précision approchée, mais non la quarte ni la quinte.

Le seul vestige, dans la musique moderne, des efforts tentés quelquefois dans la musique homophone pour procéder par degrés égaux et non suivant le principe de l'affinité des sons, me paraît se rencontrer dans les notes chromatiques de passage et dans la sensible du ton, quand elle est employée comme note de passage. Ici encore pourtant ce n'est qu'un intervalle bien connu de la série des sons alliés, le demi-ton, qui, en raison de sa faible étendue, peut être mesuré par la sensation directe de sa grandeur, même aux endroits où ses affinités sonores ne sont pas immédiatement sensibles.

L'importance nettement caractérisée que l'octave et la quinte ont prise, dès le début, dans toutes les échelles musicales montre que, dès le début aussi, il y a un autre principe qui a exercé une influence sur la formation des gammes, jusqu'au moment où il est enfin arrivé à en déterminer seul complètement la forme artistique. Ce principe, nous l'avons désigné sous le nom de l'affinité ou parenté des sons.

Deux sons sont *alliés au premierdegré* quand ils ont deux harmoniques communs.

Dans le chant, la ressemblance de deux sons à l'octave ou à la quinte l'un de l'autre, devait frapper l'oreille dès l'origine; par les deux ensemble est déterminé aussi l'intervalle de quarte, qui d'ailleurs présente dans ses deux sons une affinité naturelle d'une perception suffisamment nette, pour se définir lui-même. Pour trouver l'affinité sonore de la tierce majeure et de la sixte majeure, il fallait déjà une culture plus raffinée de l'oreille humaine et peut-être aussi une beauté particulière des voix. Aujourd'hui même encore, nous nous laissons facilement entraîner par les tierces majeures un peu trop grandes du tempérament égal, à nous contenter de tierces majeures un peu trop grandes aussi, quand nous n'avons affaire qu'à une suite mélodique et non à des sons simultanés. D'autre part, nous ne pouvons oublier que déjà, dans les préceptes d'Archytas et d'Abdul Kadir, qui tous deux ne s'occupent que de musique homophone, la tierce naturelle est préférée, bien que ces deux musiciens se soient vus forcés par cette préférence d'abandonner le système théorique si simple et si autorisé de Pythagore.

Le principe de l'affinité sonore n'a donc pas toujours déterminé d'une façon absolue la formation des gammes, et aujourd'hui même, il n'est pas encore définitivement adopté par toutes les nations. C'est précisément pour cela qu'il faut considérer ce principe comme un principe de style librement choisi dans une certaine mesure, ainsi que j'ai déjà cherché à l'expliquer dans le treizième chapitre. Mais d'autre part c'est sur ce principe que repose toute l'histoire de la facture musicale en Europe ; et c'est là la meilleure preuve qu'il a réellement l'importance que nous lui attribuons. Tandis que l'échelle diatonique se faisait préférer à toutes les autres, et finissait par s'imposer définitivement, le principe en question obtenait la domination exclusive d'abord dans les gammes. Mais, dans les gammes diatoniques, il y avait différentes applications possibles qui ont donné naissance dans le chant ancien, homophone, aux différents modes dont chacun est justifié aussi bien que les autres. C'est d'une manière beaucoup plus frappante, que le principe de l'affinité sonore a exercé son influence dans le domaine de l'harmonie. Dans une suite mélodique de sons, ce n'est qu'avec l'aide de la mémoire qu'on peut reconnaître l'identité de deux sons partiels ; dans les sons simultanés au contraire, c'est l'impression immédiate des battements ou de la consonnance régulière, qui s'impose à l'oreille. La vivacité de l'impression mélodique et de l'impression harmonique diffère comme le souvenir d'un portrait diffère de l'impression actuelle donnée par l'original. Il en résulte d'abord une beaucoup plus grande sensibilité pour la justesse de l'intervalle, qui se montre dans les assemblages de sons simultanés, et qui pouvait être appliquée aux méthodes de mesure les plus délicates de la physique.

Il y a un autre point qu'il faut faire entrer en considération ; dans la musique harmonique l'affinité du second degré peut, au moyen d'une basse fondamentale convenablement choisie, être ramenée aux affinités du premier degré, et, d'une manière générale, les affinités éloignées peuvent facilement devenir nettement perceptibles. Il en résulte qu'avec une beaucoup plus grande liberté dans les mouvements, on peut établir et rendre sensible à l'oreille, un lien beaucoup plus étroit entre les différents sons et le point de départ, la tonique. C'est incontestablement là-dessus que reposent l'étendue et la richesse des nuances de l'expression que les compositeurs modernes ont pu obtenir, sans détruire la connexion artistique de l'ensemble. Nous avons vu alors comment les exigences de l'harmonie avaient réagi d'une façon spéciale sur la formation des gammes ; comment, en particulier, de tous les anciens modes, notre mode majeur avait seul pu rester debout dans son intégralité ; comment enfin les autres, à la suite de modifications diverses, s'étaient confondus avec notre mode mineur qui, ressemblant surtout à l'ancien mode de tierce, peut se rapprocher tantôt du mode de sixte, tantôt du mode de septième, sans jamais pouvoir se superposer exactement à aucun d'entre eux.

Cette évolution, dans le développement des éléments de la musique moderne, s'est accomplie vers le milieu du siècle dernier. C'est quand pour la première fois on a régulièrement osé terminer par des accords mineurs des morceaux écrits en mineur, qu'on peut dire que le sentiment musical des artistes et des auditeurs en Europe s'est pleinement et sûrement habitué au nouveau système. L'accord mineur était admis à figurer, quoiqu'imparfaitement, l'accord de sa tonique. Quant à la question de savoir si, dans cette introduction de l'accord mineur, la sensation d'un autre ordre de relations des trois sons constitutifs se prononce dans une certaine mesure, comme le veut A. von Œttingen (Das Harmoniesystem in dualer Entwickelung) en se fondant sur ce que les trois sons *ut*, $\overline{mi\flat}$, *sol* ont un harmonique commun *sol*$_2$, c'est d'abord l'avenir qui pourra nous éclairer là-dessus. C'est à lui de montrer si des morceaux d'une certaine étendue, et d'une contexture suffisamment logique, peuvent prendre naissance dans le *système phonique* (c'est ainsi que M. von Œttingen nomme le mode mineur déterminé théoriquement par lui, et qui diffère essentiellement du mode mineur historique). En tout cas, dans le développement historique de la musique, le mode mineur apparaît comme un compromis entre différentes exigences. En particulier, il n'y a que des accords majeurs qui puissent reproduire exactement le son complexe de la tonique ; les accords mineurs présentent toujours dans leur tierce un proche parent de leur tonique et

de leur quinte, mais n'ayant pas d'une manière complète tous les
caractères d'un élément de résolution; aussi, dans les cadences, ne
s'adaptent-ils pas aussi complétement au principe de la tonalité qui a
prévalu jusqu'ici dans le développement de la musique. J'ai cherché
à faire admettre que c'est de là, et des sons résultants étrangers des
accords mineurs, que résultait l'expression artistique particulière au
mode mineur.

Au reste ce n'est pas seulement une convenance extérieure indiffé-
rente qui a été introduite, dans le matériel sonore de la musique, par
l'usage des gammes diatoniques fondées sur l'affinité des sons, à peu
près comme le rhythme établit l'ordonnance extérieure des mots
de la poésie. J'ai déjà expliqué, dans le quatorzième chapitre, comment cette construction des gammes fournissait un moyen de mesurer les *distances* des sons quant à la hauteur, de telle sorte que,
par la sensation immédiate, nous reconnaissons l'égalité de deux
intervalles égaux situés dans différentes parties de la gamme. L'intervalle mélodique de quinte, par exemple, est toujours caractérisé
par la coïncidence du second harmonique du second son avec le troisième du premier. Il en résulte une détermination sûre et précise de
la grandeur de l'intervalle dans la sensation, comme le système des
couleurs, d'ailleurs si semblables aux sons, et la mesure des différences d'intensité par les différents organes des sens n'en présentent
point d'analogue.

Il en résulte aussi le trait caractéristique commun entre les phénomènes de la gamme et ceux de l'espace, et qui, suivant moi, a la
plus grande importance au point de vue des effets particuliers de la
musique. C'est un caractère essentiel de l'espace qu'en chacun de ses
points, des figures matérielles égales puissent trouver place et exécuter des mouvements égaux à partir de ce point. Tout ce qui peut
se passer dans une portion donnée de l'espace, peut se passer aussi
de la même quantité dans toute autre portion, et être perçu de la
même façon par les organes de nos sens.

C'est précisément ce qui a lieu dans la gamme; toute phrase mélodique, tout accord exécuté à une hauteur donnée, peut être reproduit
à une autre hauteur quelconque, de façon à nous donner immédiatement et instantanément la sensation des traits caractéristiques de leur
identité. D'autre part des voix différentes qui chantent la même phrase
ou des phrases différentes, peuvent se juxtaposer simultanément dans
l'étendue de la gamme, comme deux corps dans l'espace et sans que
leurs sensations respectives soient altérées, au moins si elles forment
une consonnance aux temps accentués de la mesure. Il y a là, en

essence, entre la gamme et l'espace, une similitude si grande que la variation de hauteur, ce que déjà souvent nous appelons au figuré le *mouvement* de la voix en haut ou en bas, présente une ressemblance frappante et facilement appréciable avec le mouvement dans l'espace. Et, poussant plus loin l'analogie, c'est ce qui fait que le mouvement musical imite, au point de vue des forces impulsives, les particularités caractéristiques du mouvement dans l'espace. En sorte qu'il traduit et représente aussi les forces et les impulsions qui produisent le mouvement. C'est essentiellement là-dessus, à mon sens, que repose la faculté d'exprimer les différentes dispositions de l'âme.

Je ne voudrais pas dire par là que la musique, à ses débuts et dans ses formes les plus simples, n'ait été d'abord l'imitation artistique des modulations instinctives de la voix qui correspondent aux divers états de l'âme. Mais je ne crois pas que cela vienne contredire l'explication donnée plus haut, car une grande partie des procédés naturels de l'expression dans la voix peuvent se ramener aux mêmes éléments. Le rhythme et l'accentuation expriment directement la vitesse et la vivacité des mouvements psychiques correspondants ; un effort véhément fait monter la voix ; le désir de produire sur une autre personne une impression agréable, fait naturellement choisir un timbre doux, agréable à la sensation, etc., etc. Les tentatives pour imiter les modulations involontaires de la voix, pour enrichir et rendre plus expressive la récitation des paroles, peuvent donc très-bien avoir guidé nos ancêtres dans la recherche des ressources de l'expression musicale. L'imitation de la voix qui pleure, qui crie, qui sanglote, peut jouer un rôle aussi bien que d'autres imitations musicales dans certaines parties de la musique civilisée, notamment dans la musique dramatique, bien que, par nature, ces états divers de la voix correspondent non-seulement à des agitations psychiques, mais aussi à des contractions musculaires, réflexes et involontaires. Mais il est évident que toute musique pleinement civilisée dépasse de beaucoup le domaine de l'imitation de la nature, même quand on voudrait y faire rentrer toutes les modifications que les passions imposent à la voix. La musique procède par degrés discontinus, au point de vue du rhythme et de la gamme ; ce fait seul lui rend impossible toute reproduction exacte de la nature, car la plupart des modifications de la voix sous l'influence des passions sont précisément caractérisées par des variations *continues* de la hauteur. L'imitation de la nature par la musique est devenue imparfaite de la même manière, et pour les mêmes raisons, que la reproduction d'un tableau au moyen de la tapisserie procédant par carrés différents et par couleurs nettement distinctes. La musique s'est éloignée encore plus de la nature quand elle s'est approprié l'étendue plus vaste, la mobilité beaucoup plus grande, la variété de timbre des instruments, qui ont enrichi le champ des effets musicaux dans une proportion beaucoup plus considérable que n'aurait pu le faire l'usage exclusif de la voix.

Si donc il est vraisemblablement exact que l'humanité, dans son développement historique, ait emprunté à la voix ses premiers éléments d'expression musicale, il sera difficile de nier que ces mêmes éléments du mouvement mélodique, dans la musique perfectionnée, n'agissent tout à fait indépendamment de leur application aux modifications de la voix humaine, et ne prennent une signification plus générale que celle des cris et des exclamations instinctives. Ce qui le prouve, c'est, avant toutes choses, le développement moderne de la musique purement instrumentale dont nous ne pouvons nier la puissance et le rôle artistique, bien que nous ne puissions encore les expliquer dans toutes leurs particularités.

Avant de quitter ce sujet, il y a encore à présenter quelques considérations. J'ai fait dépendre l'affinité mélodique des sons de leurs harmoniques, comme je l'avais fait pour les rapports de consonnance dans le chap. X. Cette manière de voir concorde dans un certain sens avec la formule admise suivant laquelle la mélodie ne serait qu'une harmonie détachée, formule sur laquelle on n'hésite pas à édifier des systèmes musicaux, sans se demander comment des harmonies ont pu se résoudre en mélodie aux époques et chez les peuples qui n'avaient jamais connu l'harmonie, ou qui se refusent encore maintenant à l'admettre. D'après notre théorie au moins, les particularités de la composition des sons complexes qui décident de la consonnance dans les accords, détermineraient aussi l'affinité mélodique dans une suite de sons consécutifs. L'une ne serait pas la raison de l'autre, comme dans le système précité, mais toutes les deux auraient une base commune dans la composition des sons.

Mais, dans les consonnances, nous avons trouvé encore d'autres phénomènes, les sons résultants dont l'influence se fait sentir, notamment dans la combinaison de sons simples ou accompagnés d'harmoniques, sont faibles et peu nombreux. J'ai déjà expliqué plus haut que les sons résultants ne remplissent que très-imparfaitement le rôle des harmoniques dans les combinaisons de sons, ce qui fait que les accords formés de sons simples sont ternes et sans caractère, parce que le contraste de la consonnance et de la dissonance est très-imparfaitement marqué.

Dans une succession mélodique, au contraire, les sons résultants ne jouent aucun rôle, et il se présente alors la question de savoir

dans quelle mesure une succession de sons simples peut produire
une action mélodique. On reconnaît des airs joués sur les registres
bouchés de l'orgue, ou sifflés avec la bouche, exécutés sur le claquebois, sur une série de plaques de verre ou d'acier, ou sur le carillon,
ce n'est pas douteux ; mais il est certain aussi que tous ces instruments, qui ne donnent que des sons simples ou des sons accessoires
faibles, éloignés, non harmoniques, sont hors d'état de produire un
effet mélodique expressif sans le secours d'autres instruments réellement musicaux. Pour l'exécution de parties isoléesavec accompagnement d'orgue, d'orchestre ou de piano, ils sont souvent très-pré-
cieux, mais isolément, par eux-mêmes ils donnent une très-pauvre
musique, ou même dans le cas de sons accessoires faux trop prononcés, une musique fort désagréable.

Nous devons néanmoins essayer de nous rendre compte comment
de pareils instruments peuvent donner l'impression d'une mélodie.

Remarquons d'abord, comme je l'ai déjà expliqué à la fin du
septième chapitre, que la construction de l'oreille favorise la production d'harmoniques faibles pour tous les sons simples doués d'une
grande intensité objective; en sorte que, les sons simples très-faibles
peuvent seuls être considérés *subjectivement* comme absolument
simples.

En second lieu il intervient ici une action de la mémoire. Quand
j'ai entendu exécuter à toutes les hauteurs possibles des intervalles
de quinte dont les sons se présentent à la sensation auditive comme
liés par une affinité très-étroite, je connais par expérience la grandeur de cet intervalle pour chaque portion de la gamme, et je conserve cette connaissance grâce à la mémoire que nous conservons
des impressions sensorielles, de celles mêmes qui ne peuvent s'exprimer par des mots.

Si j'entends émettre un intervalle de ce genre par des diapasons,
je puis le reconnaître comme un intervalle souvent entendu, de dimensions bien connues, même dans le cas où manquent totalement
ou à peu près les harmoniques qui servent à en faire un intervalle
privilégié, et grâce auxquels les sons offrent une étroite parenté
mélodique. De même, si je peux reconnaître d'autres intervalles
mélodiques ou un air tout entier, quand on les joue avec des sons
simples, et si j'entends une mélodie pour la première fois de cette
manière, sifflée avec la bouche ou exécutée par le claquebois ou par
une horloge à musique, je puis me figurer, en suppléant par l'imagination, l'effet qu'elle produirait sur un instrument particulièrement
musical, la voix humaine ou le violon.

En lisant les notes, un musicien exercé peut se faire une idée d'une mélodie ; quand nous donnons sur le carillon les sons fondamentaux de ces notes, nous précisons cette idée d'une façon plus directe, parce que nous reproduisons en réalité une grande partie de l'impression sensorielle que donnerait la mélodie chantée. Dans l'emploi des sons simples nous ne trouvons donc qu'un schéma de l'air. Il manque encore ici tout ce qui fait son charme. Nous connaissons individuellement les intervalles qui apparaissent dans telle méthode, mais il leur manque l'impression sensorielle immédiate, qui distingue les sons reliés par une affinité étroite, éloignée, ou nulle. On peut s'imaginer la différence qui en résulte, si on joue un air sur le violon après l'avoir sifflé, sur le piano ou sur l'harmonica. Cela fait à peu près la même différence qu'entre une photographie d'un paysage et l'aspect stéréoscopique d'une paire de photographies associées *ad hoc*. La première, avec le secours de la mémoire, me donne, des dimensions en profondeur de l'objet examiné, une représentation qui peut être suffisante. L'association stéréoscopique des deux images au contraire produit en moi, dans toute sa réalité, l'impression que l'objet lui-même aurait donnée et que, dans le cas d'une seule image, je suis obligé de compléter par l'expérience et la mémoire. Aussi la représentation stéréoscopique a-t-elle, sous le rapport de la vivacité, tout l'avantage d'une sensation directe sur le souvenir d'une sensation.

Il me semble qu'il en est de même pour les airs exécutés en sons simples. On les reconnaît si on les a déjà entendus ; on peut avec une imagination musicale suffisamment puissante, se figurer ce qu'ils seraient sur d'autres instruments, mais l'impression directe du charme musical leur fait nettement défaut.

ANNOTATIONS DIVERSES

P. 103, en note.

Histoire de la grosse cloche et des autres cloches de l'Église d'Erfurth. Erfurth, 1867. — Voir aussi Schafhäutl dans la *Kunst-und-Gewerbeblatt* pour la Bavière, 1868, LIV, p. 325 à 350, 385 à 427.

La cloche de l'église Saint-Paul à Londres donne le *la* et l'*ut♯*; Hémony de Zütphen, un maître du dix-septième siècle, veut trouver dans une bonne cloche trois octaves, deux quartes, une tierce majeure et une tierce mineure. Le son le plus fort n'est pas le plus grave; la partie supérieure de la cloche donne des sons plus graves mais moins éclatants que la zone d'action du battant.

P. 145. — En note ajouter : — G. Engel, die Vocaltheorie, Berlin, 1867. Du même auteur dans les Archives d'anatomie de Reichert en 1869, p. 309.

P. 146. — En note : Dans ces derniers temps, je trouve que mon oreille droite est surtout sensible au *fa*³ et mon oreille gauche à l'*ut*³. Quand je fais entrer de l'air dans le tympan, par la trompe d'Eustache, la résonnance s'abaisse à l'*ut♯*³ et au *sol♯*⁴. Le cri du grillon correspond à peu près au son de résonnance le plus aigu, et il me suffit de mettre dans le conduit auditif un petit tuyau de papier, pour affaiblir dans une proportion considérable la sensation produite par le chant de cet insecte.

P. 163.

Quand il ne s'agit que de reproduire les voyelles au moyen de sons composés, et qu'on ne tient pas à contrôler la différence de phase des sons partiels pris isolément, on peut y arriver assez bien en faisant usage de tuyaux d'orgue. Il faut seulement en avoir au moins deux séries, l'une de tuyaux ouverts donnant un son éclatant, l'autre de tuyaux fermés donnant un son faible, parce que l'intensité du son ne peut varier avec la force du vent, sans que la hauteur change en même temps. M. Appun de Hanau m'a construit une double série de tuyaux d'orgue de ce genre, qui donne les seize premiers harmoniques du *si*♭₀. Tous ces tuyaux sont montés sur une même caisse à vent, munie de registres au moyen desquels on peut ouvrir ou fermer chacun des tuyaux. Deux registres plus grands interceptent la communication entre la caisse à vent et le soufflet. Tandis qu'on les laisse fermés, on dispose les registres des tuyaux de façon à obtenir la combinaison cherchée, puis on ouvre le grand registre de la caisse de manière que le vent pénètre dans tous les tuyaux à la fois. Des sons brusques et courts ainsi obtenus présentent le caractère de voyelles, bien mieux que s'ils étaient longuement prolongés. Ce qu'il y a de mieux, c'est de faire donner le son fondamental et les harmoniques prépondérants de la voyelle en question à la fois par les tuyaux ouverts et fermés, et de ne se servir que des tuyaux fermés dont le son est faible pour produire les autres harmoniques. De cette manière, le son fort n'est pas isolé.

La reproduction des voyelles au moyen d'un appareil de ce genre est loin d'être parfaite, parce qu'on ne peut faire varier l'intensité du son dans les différents tuyaux d'une manière aussi précise qu'avec les diapasons. En particulier les harmoniques aigus sont trop criards. On peut néanmoins par ce procédé obtenir des sons de voyelles vraiment reconnaissables.

P. 207.

On peut remarquer alors, dans la hauteur des sons qui battent, une variation légère mais appréciable (1).

P. 226.

Depuis, M. Kœnig de Paris m'a construit deux grands diapasons, sur les branches desquelles on peut faire glisser des poids. En les déplaçant le long de la branche, on fait varier la hauteur du diapason ; le nombre des vibrations est donné par une échelle divisée. L'un des diapasons donne des sons ayant de 24 à 35 vibrations, l'autre des sons de 35 à 61 vibrations. Les poids mobiles ont la forme de plaques de 5 centimètres de diamètre : à chacune d'elles est fixé un miroir. Si on place l'oreille tout près de ces plaques, on entend très-bien les sons graves. Avec 30 vibrations on entend encore distinctement un son faible, une sorte de ronflement ; avec 28 on distingue encore à peine une trace de son, bien qu'on puisse facilement produire ainsi tout près de l'oreille des oscillations de 9 millimètres d'amplitude.

P. 310.

Ajouter à la note : Au reste, s'ils connaissaient l'action des consonnances, ils ne les aimaient pas ; c'est ce que prouve le passage suivant d'Aristote, *de Audibilibus*, édit. Bekker, p. 801 : « C'est pour « cela que nous comprenons mieux quand nous entendons parler

(1) Pour l'explication de ce dernier phénomène, qui m'a été signalé par M. G. Guéroult, voir le supplément.

« une seule personne que quand nous entendons plusieurs dire la
« même chose. De même pour les cordes. Et c'est encore beaucoup
« plus mauvais quand la cithare et la flûte jouent ensemble, parce
« qu'alors les parties se confondent. C'est particulièrement sensible
« pour les consonnances, où les deux sons se cachent l'un l'autre. »

P. 312.

Ajouter à la note : Suivant les documents nouveaux recueillis par
Fétis dans son *Histoire générale de la Musique*, Paris, 1869, t. I,
chap. VI, il y a lieu de se demander si ce système de déclamation
avec les cadences qui s'y rattachent ne serait pas plutôt emprunté au
rituel juif. Déjà dans les plus anciens manuscrits de l'Ancien Testa-
ment, on trouve vingt-cinq signes différents pour les cadences de ce
genre et des phrases mélodiques. Et même cette circonstance que
les signes correspondants de l'Église grecque sont des caractères
égyptiens de l'alphabet démotique, assigne à cette notation une origine égyptienne beaucoup plus ancienne.

P. 318.

Après le dixième siècle : Les deux parties se suivaient à la quarte
ou à la quinte, quelquefois redoublées à l'octave. Cela constitue une
musique intolérable pour nous. D'après O. Paul (*Histoire du Clavier*,
Leipzig, 1868, p. 49), ces deux parties ne devraient pas être exécutées simultanément ; l'une des parties ne serait que la répétition de
l'autre transposée et Hucbald devrait ainsi être considéré comme
l'inventeur du principe de la fugue et de la sonate, qui a pris tant
d'importance dans la suite.

P. 378, après le 1ᵉʳ alinéa.

Je remarque ici que l'intervalle d'un demi-ton joue aussi comme
appogiature un rôle particulier. Pour préparer un son d'une mélodie,
nous pouvons prendre une note qui n'est pas comprise dans la
gamme et qui est éloignée d'un demi-ton du son sur lequel nous
voulons aller ; au contraire, nous ne pouvons prendre comme appogiature une note distante d'un ton de la note principale. La raison du
choix de l'intervalle de demi-ton dans ces circonstances, la voici :
c'est un intervalle bien connu de la gamme diatonique dont l'intonation et la perception sont également sûres pour l'exécutant et l'auditeur, bien que, dans le passage où il est spécialement employé, les
rapports d'affinité sur lesquels il repose ne soient pas nettement perceptibles. On ne peut donc en aucune manière employer dans le
même cas un petit intervalle choisi au hasard ; dans la pratique musicale la sensible subit bien de petites altérations destinées à marquer

plus fortement le mouvement vers la tonique: mais ces altérations ne doivent pas dépasser la limite au delà de laquelle la modification de l'intervalle deviendrait nettement appréciable.

P. 378, in fine.

Encore aujourd'hui du reste, suivant le témoignage de von OEttingen, les Esthoniens se refusent à chanter la sensible dans les chœurs en mode mineur, même quand on la leur donne nettement sur l'orgue. (Das Harmoniesystem in dualer Entwickelung [Dorpat, Leipzig], 1866, p. 113).

P. 473, in medio.

Il est aussi caractéristique que, suivant la remarque d'un professeur de chant, les élèves d'un talent musical moyen apprennent beaucoup plus difficilement à donner la tierce mineure que la tierce majeure.

P. 405, avant le dernier alinéa.

Dans son « Harmoniesystem in dualer Entwickelung » (Dorpat et Leipzig), M. A. Von Ættingen a développé d'une manière très-intéressante l'analogie frappante du mode de sixte avec le mode majeur, dont il est le renversement direct; il a fait voir notamment comme quoi ce renversement conduit à une harmonisation particulière et caractéristique du mode de sixte. Sous ce rapport je recommande beaucoup ce livre à l'attention des musiciens. D'autre part, on ne peut décider que par le succès de cette expérience musicale, si le nouveau principe fondamental invoqué par l'auteur dans sa théorie du mode de sixte qu'il considère comme le mode mineur normal, suffit en réalité pour la reconstruction de morceaux de musique plus importants. M. Von Ættingen considère notamment l'accord mineur $ut\ \overline{mi}_b\ sol$ comme le représentant du son partiel sol_2 commun aux trois sons, et il l'appelle à cause de cela le son *phonique sol*, tandis qu'ainsi que nous, il considère $ut\ \underline{mi}\ sol$, comme le son tonique ut.

P. 462, in medio.

Les mélodies italiennes sont particulièrement riches en préparations de ce genre. On trouvera des recherches sur les lois de ces appogiatures dans deux volumes de M. de Basevi (Introduction à un nouveau système d'Harmonie, traduit par L. Delâtre. Florence, 1865.) La règle généralement suivie est que les sons étrangers à la gamme ne sont admis que s'ils ne diffèrent que d'un demi-ton des notes de la gamme sur lesquelles ils se résolvent, tandis que les sons appartenant à la gamme peuvent s'introduire librement quoique sortant de l'harmonie, et bien qu'ils doivent parcourir un intervalle d'un ton entier pour arriver à résolution.

DEUX NOTES PAR G. GUÉROULT

NOTE I

DE LA TIERCE HARMONIQUE ET DE LA TIERCE MÉLODIQUE.

En 1869, MM. Cornu et Mercadier ont présenté à l'Académie des sciences de Paris un mémoire tendant à démontrer, par des expériences, que la gamme *mélodique* et la gamme *harmonique* sont formées d'intervalles différents ; en particulier, que les nombres des vibrations de deux sons formant une tierce sont entre eux dans le rapport $\frac{81}{64}$ si les sons se font entendre *successivement*, et dans le rapport $\frac{5}{4}$ s'ils sont émis *simultanément*.

Le 9 mai 1870, j'adressai à l'Académie une critique de ce Mémoire, fondée sur des considérations purement numériques, et annonçant des expériences directes. Cette note m'attira une réplique assez vive de MM. Cornu et Mercadier qui, imaginant un nouveau système fort ingénieux, mais applicable seulement aux instruments à cordes, publièrent, soit dans les comptes-rendus de l'Académie des sciences, soit dans le *Journal de physique*, différents travaux confirmatifs du premier.

Il n'entre nullement dans le plan de la présente note d'examiner ou de critiquer ces travaux. Je me propose simplement ici de faire connaître, dans leurs détails et leurs conséquences, les expériences directes promises, il y a trois ans.

Voici comment Helmholtz s'exprime à ce sujet dans la troisième édition de son livre parue en mai 1870, p. 509 :

« Je réponds, dit-il, que dans une suite mélodique de sons, la « tierce n'est pas au nombre des intervalles caractérisés d'une ma- « nière certaine, et que tous les musiciens modernes sont habitués

« par l'usage du piano à des tierces trop hautes. Je trouve que dans
« la succession *ut mi sol*, isolée des autres portions de la gamme, il
« est difficile de choisir d'une manière précise entre la tierce natu-
« relle et la tierce pythagoricienne. Mais quand je joue sur l'harmo-
« nium un passage complet d'un air que je connais bien, je trouve
« toujours la tierce pythagoricienne dure, pénible, tandis que la tierce
« naturelle est agréable et sonne bien. Ce n'est peut-être que comme
« sensible que la tierce haute est meilleure comme plus expressive. »

J'étais arrivé aux mêmes conclusions sans avoir encore connaissance de cette note; voici par quelles expériences elles me semblent
justifiées.

Au lieu de faire exécuter par la voix ou par un instrument un intervalle de tierce dont on mesure exactement l'étendue, il m'a paru plus
rationnel de jouer successivement, devant le même auditeur, une tierce
naturelle, puis une tierce pythagoricienne, et de lui demander ce qu'il
aime le mieux. Par ce procédé, toute l'attention de l'auditeur se trouve
concentrée sur ses perceptions auditives ; il demeure étranger à toute
préoccupation de doigté, de mécanisme, d'habitude. Comme il s'agit de
successions *mélodiques*, c'est-à-dire de comparaisons d'une sensation
avec le souvenir d'une autre, il est essentiel que les expériences sur
chaque tierce se suivent *immédiatement*. Enfin, suivant la très-juste
observation d'Helmholtz, pour donner à l'oreille les moyens de conserver la mémoire des sons entendus successivement, il faut que le
lien tonal qui les relie entre eux soit très-accusé.

J'ai fait construire un harmonium à double clavier dont la description suit :

L'instrument a deux claviers : le clavier *antérieur* et le clavier
postérieur, de douze notes à l'octave, comme le piano, et comprenant
chacun cinq octaves, de *fa* en *fa*. Les deux claviers sont accordés par
quintes justes, mais le clavier postérieur est à un *comma* $\left(\dfrac{81}{80}\right)$ plus
bas que le clavier postérieur, qui est au diapason normal. En adoptant
la notation d'Helmholtz et désignant par *ut, ré, mi, fa, sol*, etc.,
les sons du clavier antérieur, par *ut, ré, mi, fa, sol*, etc., les sons
du clavier postérieur, on voit que l'accord *ut mi sol* est exactement
l'accord parfait juste, tel que le donne la théorie acoustique. Les touches noires de chaque clavier représentent chacune un bémol et un
dièse, mais pas de la même série. Ainsi, sur le clavier antérieur, le
mi♭, par exemple, représente le *ré*♯ du clavier postérieur, autrement
dit, *mi*♭ = *ré*♯. Considérées comme des bémols, les touches noires
du second clavier représentent les dièses d'un troisième clavier qui

serait accordé un *comma* plus bas que le second ; ainsi $mi♭ = ré♯$.
En confondant ainsi le bémol d'une série avec le dièze de l'autre, on commet une erreur égale à l'intervalle $\dfrac{886}{885}$, situé à la limite extrême des hauteurs perceptibles.

« On accorde l'instrument de la manière suivante : On commence par le clavier antérieur, et l'on obtient, par quintes justes descendantes, *si, mi, la, ré, sol, ut, fa, si♭, mi♭.* Ces quintes doivent être *absolument justes*, ne donner *aucun battement.*

« On détermine ensuite sur le clavier antérieur les notes *fa♯, ut♯, sol♯* ou, d'après ce qui précède, *sol♭, ré♭, la♭*, qui font avec les quintes justes précédemment formées, *ré la, la mi, mi si*, des accords parfaits *rigoureusement justes*, ne donnant aucun battement.

« On trouve sur le clavier postérieur le *si*, le *mi*, le *la*, le *ré*, le *sol*, le *fa*, le *si♭*, en prenant ces notes pour tierces justes des accords parfaits *sol si ré, ut mi sol, fa la ut, si♭ ré fa, mi♭ sol si♭, ré fa la♭, sol♭ si♭ ré♭*, dont les quintes *ut, sol, fa, si♭*, etc., sont prises sur le clavier antérieur.

« On forme, toujours sur le clavier postérieur, les accords parfaits justes *ré fa♯ la, la ut♯ mi, mi sol♯ si*, en se servant pour les quintes *ré, la, mi*, des sons précédemment trouvés, et en accordant les tierces *fa♯, ut♯, sol♯* (ou *sol♭, ré♭, la♭*) de manière qu'elles ne donnent aucun battement.

« La note *si* du clavier postérieur forme une quinte juste avec le *fa♯* ou *sol♭* du clavier antérieur. On trouve le *ré* (ou *mi♭*) du clavier postérieur en prenant cette note pour tierce juste de l'accord *si ré♯ fa♯* (*ut♭ mi♭ sol♭*), dont les deux premières notes se trouvent sur le clavier postérieur et la troisième sur le clavier antérieur.

« Toutes les quintes déterminées jusqu'ici sont rigoureusement justes, hors une seule, celle qui est formée par le *la♭* et le *mi♭* du clavier antérieur. Cette quinte, dont la vraie formule est *sol♯ mi♭*, est représentée numériquement par $2^{\frac{7}{12}}$; elle est donc exactement égale à la quinte tempérée. On détermine l'*ut* du clavier postérieur, la tierce de l'accord *la♭ ut mi♭*, de façon que les *sons résultants* de chacune des deux tierces qui le composent coïncident et ne fassent point de battements. En désignant par a et b les nombres des vibrations de la tonique et de la quinte par x celui de la tierce approximative cherchée, on a

$$x - a = b - x,$$

*****

d'où

$$x = \frac{a+b}{2}.$$

« En pratique, cet accord de *la*♭, qui sert de raccordement entre deux séries d'accords parfaits rigoureusement justes, est de beaucoup supérieur pour l'oreille à l'accord tempéré ou pythagoricien. Tous les musiciens auxquels je l'ai soumis ont eu beaucoup de peine à faire la différence avec les autres.

« L'instrument que je viens de décrire, fondé sur le même principe que l'harmonium de Helmholtz, présente comme lui 15 accords parfaits majeurs et 15 accords parfaits mineurs justes (sauf la réserve faite plus haut pour le *la*♭ et l'*ut*). Il donne 13 gammes majeures justes et 14 gammes mineures, dont 8 justes et 6 ayant une sensible trop haute.

« La possibilité, dans les accords et dans les gammes, de modifier d'un *comma* $\left(\frac{81}{80}\right)$ la hauteur de chaque note, en fait un instrument précieux pour toutes les recherches historiques ou scientifiques sur la gamme ou l'harmonie.

« Cela posé, l'expérience a été faite invariablement de la manière suivante :

« L'air choisi était le début d'un andante bien connu d'Haydn *la* — *la* — *ut*♯ — *ut*♯ — *mi* — *mi* — *ut*♯ — ; je le jouais dans la dernière octave de mon instrument, parce que, en raison de l'accroissement du nombre absolu des vibrations, les différences de hauteur sont beaucoup plus sensibles à l'oreille dans les régions aiguës.

« L'auditeur tournant le dos à l'instrument je jouais la_3 — la_3 — $ut♯_4$ — $ut♯_4$ — mi_4 — mi_4 — $ut♯_4$ — sur le clavier postérieur avec la tierce naturelle ; puis, prenant l'*ut*♯ sur le clavier antérieur,

$$la_3 \quad la_3 \quad ut♯_4 \quad ut♯_4 \quad mi_4 \quad mi_4 \quad ut♯,$$

ce qui donnait la tierce pythagoricienne.

« Ensuite je reprenais la première partie de l'air dans les deux systèmes

$$la_3 \quad la_3 \quad ut♯$$
$$la_3 \quad la_3 \quad ut♯.$$

Enfin j'intervertissais l'ordre de façon à dérouter complétement l'auditeur.

« Voici quel a été le résultat de mes observations répétées sur des artistes et des amateurs.

« 1° M. Delle Sedie, chanteur italien et professeur de chant de premier ordre, se prononce immédiatement et sans hésiter pour la tierce naturelle, et déclare la tierce pythagoricienne trop haute.

« 2° Madame Delle Sedie, cantatrice, ancienne élève du conservatoire de Naples, douée d'une oreille exceptionnellement délicate. Même résultat que le précédent ; préférence immédiate et très-énergique pour la tierce naturelle.

« 3° M. E. Sauzay, professeur de violon au Conservatoire de Paris, artiste éminent et compositeur. Même résultat.

« 4° M. J. Sauzay, artiste violoniste. Même résultat.

« 5° M. A. Wurmser, premier prix de piano en 1872 au Conservatoire de Paris. Même résultat.

« Ces premières observations, très-concluantes, le sont peut-être moins que celles qui vont suivre, parce que les éminents artistes qui ont bien voulu se prêter à l'expérience ont étudié sérieusement l'harmonium juste. M. A. Wurmser était arrivé à en jouer couramment. Leurs réponses peuvent donc, dans une certaine mesure très-faible, être dictées par un commencement d'habitude prise. Je reviendrai plus bas sur ce point. Celles qui vont suivre ont au contraire un caractère tout à fait improvisé.

« 6° M. C., compositeur pianiste, qui a le malheur d'être aveugle mais qui est doué d'une oreille excellente, trouve d'abord la tierce naturelle un peu étrange, mais la tierce pythagoricienne incontestablement trop haute. En enfonçant un peu moins la touche on fait baisser le son de l'harmonium, on obtient ainsi sur le clavier antérieur un $ut\sharp$ plus bas, très-voisin de l'$ut\sharp$ tempéré. M. C. déclare être d'abord plus satisfait de cette troisième tierce ; après cinq ou six expériences il se réconcilie avec la tierce naturelle.

« 7° M. J., auteur de plusieurs opéras remarqués, pianiste amateur, éprouve les mêmes impressions ; il penche peut-être plus que le précédent pour la tierce tempérée.

« 8° M. G., violoniste amateur, ayant fait beaucoup de musique d'accompagnement, se prononce nettement, pour la tierce tempérée, contre la tierce naturelle qu'il trouve trop basse et la tierce pythagoricienne qu'il trouve trop haute. Au bout d'un certain temps, et à la suite d'auditions réitérées, il se réconcilie un peu avec la tierce naturelle qu'il persiste à trouver un peu basse.

« 9° Mademoiselle G., amateur de musique, grand talent comme pianiste et comme chanteuse ; tellement familiarisée avec le son du piano, que, le dos tourné, elle peut nommer les notes qu'on donne au hasard sur le clavier ; se prononce également pour la tierce natu-

relle qu'elle trouve d'abord un peu étrange ; déclare la tierce pythagoricienne incontestablement trop haute.

« 10° M. J. L., violoncelliste et pianiste amateur, préfère la tierce
naturelle.

« 11° M. S., amateur pianiste, venant avec des préventions défa-
vorables, est immédiatement converti à la tierce naturelle.

« 12° M. A. S., amateur ne jouant d'aucun instrument. Même
résultat, etc.

« Enfin, j'ai expérimenté moi-même sur la tierce, sur la gamme,
dans les deux systèmes. Avec l'air adopté la tierce naturelle est
incontestablement la meilleure. Pour la gamme diatonique, exécutée
mélodiquement, le résultat est moins net, surtout si on opère très-
lentement. Voici comment on peut expliquer le fait.

« Sur l'harmonium comme dans la voix, l'harmonique n° 3, la quinte
supérieure, se fait très-bien entendre. Quand on exécute la gamme

ut   ré   mi, etc.,

on entend donc, et il est facile, avec un peu d'attention, de percevoir
une suite de quintes

sol   la
ut   ré.

C'est même ainsi que je m'explique la sûreté avec laquelle tout le
monde peut donner l'intervalle ut ré, l'harmonique sol de l'ut servant de point d'appui pour passer au ré. Si l'on reste longtemps sur
cette dernière note, assez longtemps pour perdre le souvenir de l'ut,
il est naturel de passer du

la   si
ré au mi,

formant une seconde majeure avec le ré et une tierce pythagoricienne
avec l'ancien ut. Mais c'est une véritable modulation d'ut en ré majeur qu'on fait là.

« En expérimentant dans des conditions aussi diversifiées que possible, en restant par exemple quinze jours à jouer du piano sans tou-
cher l'harmonium et vice versa, j'ai pu constater l'influence des
habitudes prises par l'oreille, et la rapidité avec laquelle ces habitudes
se prennent et se perdent. Après quelques mesures exécutées sur
l'harmonium, le doute du commencement ne tardait pas à s'évanouir.
La seule objection sérieuse qui m'ait été faite au cours des expériences est la suivante :

« Comme je l'ai dit plus haut, en enfonçant un peu moins la
touche, on fait baisser le son de l'harmonium (ce qui, par parenthèse,
pourra peut-être être utilisé un jour dans la construction d'un

instrument juste). Il en résulte que l'attaque est incertaine, le son
s'élevant à mesure que la touche s'abaisse. L'inverse se produit quand
on abandonne la note ; suivant la personne qui m'a opposé l'objection,
il en serait résulté une incertitude dans l'évaluation de la tierce

$$la \pm \alpha, ut\sharp \pm \beta,$$

α et β désignant les différences de hauteur dues à la variation de
l'enfoncement. A cela il semble facile de répondre 1° que les différences α et β sont nécessairement de même signe ; on ne peut supposer
que l'oreille compare la première période du *la* à la seconde de l'*ut♯*
ou réciproquement ; 2° qu'en raison de cette variation initiale et
rapide de la hauteur, l'oreille doit bien plutôt s'attacher, pour les
deux sons, à la période où la hauteur est définitivement fixée. 3° Enfin
l'expérience est faite exactement de la même façon pour la tierce naturelle et la tierce pythagoricienne. Les erreurs de ce genre doivent donc
se neutraliser réciproquement.

« L'origine de l'accord de *sixte augmentée* a vivement piqué la
curiosité des théoriciens. En jouant dans les régions aiguës de
l'harmonium ci-dessus décrit, où les sons résultants se produisent avec
une très-grande netteté, j'ai cru reconnaître que deux sons, formant
fausse quarte ou *triton fa si*, avaient pour résultat un *ré♭*. Vérifier le
fait notamment à la fin de la première reprise de l'hymne d'Haydn.
Le calcul donne les résultats suivants :

$$fa = \frac{4}{3}$$

$$si = \frac{15}{8},$$

son résultant

$$= \frac{15}{8} - \frac{4}{3} = \frac{13}{24},$$

c'est-à-dire un son plus haut d'un peu plus de 2 commas que le *ré♭*.
Dans l'accord *fa — sol — si*, le *sol* n'introduisant aucun son résultant
primaire nouveau, ce *ré♭* complète l'accord de sixte augmentée dans
sa forme ordinaire. Ce fait m'a paru de nature à éclairer les discus-
sions engagées sur ce sujet ; il semble difficile notamment d'attribuer
au *ré♭* trop haut le rôle de sensible descendante, la sensible ayant
toujours une tendance à se rapprocher de la tonique. »

NOTE II

DES RELATIONS QUI EXISTENT ENTRE LES NOMBRES DE VIBRATIONS DES SONS MUSICAUX ET LEURS INTERVALLES. RÈGLE A CALCUL ACOUSTIQUE.

« Jusqu'ici (1), on a toujours mesuré un intervalle musical par le rapport des nombres de vibrations des deux sons qu'il sépare. Il résulte de ce système que, pour prendre la moitié, le quart, le douzième d'un intervalle donné, il faut prendre, non la moitié, le quart, le douzième, mais la racine carrée, la racine quatrième, la racine douzième de son expression numérique. Pour ajouter ou retrancher deux intervalles, on est obligé, non de les additionner ou de les soustraire, mais de les multiplier ou diviser l'un par l'autre. Pour savoir combien de fois un intervalle donné en contient un autre plus petit, il faut chercher l'exposant de la puissance à laquelle il faut élever le dernier pour reproduire le premier.

« Indépendamment de ces complications arithmétiques, cette notation a l'inconvénient, beaucoup plus grave encore, d'obscurcir dans l'esprit la notion même de l'intervalle.

« Un intervalle est une *distance,* c'est-à-dire une *longueur,* dans le langage acoustique on les traite toujours comme des *hauteurs.* La gamme est appelée aussi l'*échelle* des sons. Qu'on essaye de se représenter une échelle, par le moyen des *rapports* et non des *différences* de hauteur des échelons, et l'on se fera une idée exacte des difficultés qu'oppose perpétuellement la notation actuelle des intervalles au travail mental de l'acousticien.

« Il est beaucoup plus simple de prendre, pour mesure de l'intervalle, le *logarithme* du rapport des nombres de vibrations. Pour partager un intervalle en n parties égales, vous n'avez plus qu'à prendre la $n^{ième}$ partie du logarithme; pour ajouter ou soustraire des intervalles entre eux, vous n'avez plus qu'à additionner ou soustraire leurs expressions numériques; pour savoir combien de fois un intervalle en contient un autre, il n'y a plus qu'à diviser le premier par le second.

« Ce simple changement de notation entraîne des conséquences nombreuses qui sont résumées par la formule suivante. Si l'on désigne par y le nombre de vibrations d'un son musical quelconque par rapport à une tonique donnée, par x son intervalle, sa distance à

---

(1) Au moins dans la pratique usuelle ; Delezenne et Lecomte, notamment. dans les comptes rendus de la Société des Sciences de Lille. avaient déjà proposé l'usage des logarithmes acoustiques.

partir de cette même tonique, on a :

$$y = a^x,$$

a étant un nombre entier quelconque, et cette équation renferme toutes les relations qui peuvent exister entre les nombres de vibrations et les intervalles des sons musicaux. Ces relations sont figurées par la famille des courbes logarithmiques $y = a^x$; les ordonnées représentant les nombres de vibrations des sons par rapport à la tonique, et les abscisses leurs intervalles, leurs distances à partir de cette même tonique.

« D'après les considérations qui précèdent, j'ai fait construire une règle à calcul acoustique, dont je vais indiquer ici le principe et les applications les plus importantes.

« Sur une règle, disposée à peu près comme les règles à calcul ordinaires, on prend une longueur horizontale égale à $0^m,3010$, c'est-à-dire au logarithme de 2, exprimé en millimètres. Cette longueur, qui représente l'intervalle d'octave, est divisée :

« 1° En douze parties égales, qui représentent les intervalles des tons et des demi-tons de la gamme tempérée ;

« 2° En un certain nombre de parties correspondant aux intervalles de *ut*, *ré*, *mi*, *fa*, etc., respectivement égales aux logarithmes de $1, \frac{9}{8}, \frac{5}{4}, \frac{4}{3}$, etc. Sur trois lignes horizontales distinctes, les intervalles de la gamme tempérée, de la gamme naturelle, de la gamme pythagoricienne, sont ainsi figurés séparément.

« 3° La règle est encore divisée horizontalement en 56 parties égales, correspondant chacune à l'intervalle de 1 *comma* $\left(\frac{81}{80}\right)$ et égales à $0^m,0054$. Ces 56 *commas*, qui font un peu plus d'une octave. ont eux-mêmes divisés en dix parties égales.

« En chacun des points *ut*, *ré*, *mi*, etc., de la ligne horizontale, s'élèvent des perpendiculaires respectivement égales à $0^m,01$, multiplié par $1, \frac{9}{8}, \frac{5}{4}$, etc., qui représentent les nombres de vibrations. Leurs extrémités, réunies par une ligne continue, forment la courbe $y = \frac{1}{100} 10^x$. Un curseur métallique, divisé en millimètres et dixièmes de millimètre, permet de mesurer les ordonnées de la courbe.

« Sur le revers de la règle est figurée une courbe analogue $y = \frac{1}{100} 10^{x10}$, où les intervalles ou abscisses sont le dixième des abscisses de la courbe tracée sur la face de la règle, tandis que les ordonnées conservent la même valeur. La coulisse ne présente que les divisions horizontales de la face de la règle au-dessous de laquelle elle est placée.

« Au moyen des dispositions qui précèdent, on peut, entre autres très-nombreuses applications :

« 1° Faire toutes les opérations possibles sur les intervalles;

« 2° Trouver la place dans la gamme d'un son musical quelconque, donné soit par le nombre de ses vibrations, relativement à la tonique, soit par l'intervalle qui le sépare de cette dernière, et *vice versâ;*

« 3° Déterminer la place, dans la gamme, des sons résultants (différentiels) de divers ordres pour un intervalle quelconque. Les vibrations du *son résultant* de deux autres étant représentées par la différence des ordonnées des deux sons composants, on les lit immédiatement sur le curseur. Des horizontales, menées de tous les points *ut*, *ré*, *mi*, etc., placés sur la courbe, facilitent cette recherche. La différence étant connue, on trouve la place du *son résultant*, en promenant le curseur jusqu'à ce qu'on rencontre une ordonnée égale à cette différence.

« 4° Par un procédé, exactement identique, on trouve le nombre de battements de deux sons voisins donnés, en fonction du nombre de vibrations de la tonique.

« Dans toutes les formules où figure le nombre n des vibrations d'un son, on peut remplacer n par l'ordonnée de la courbe $y = a^x$ que porte la règle à calcul. On trouve ainsi une relation où intervient l'intervalle qui sépare un son d'une tonique donnée, et qui permet d'utiliser les propriétés de la règle.

« *Exemple.* — On sait qu'en désignant par n le nombre des vibrations d'une corde, par T sa tension, par l sa longueur, par μ le poids de l'unité de longueur, ces quatre quantités sont liées entre elles par la formule :

$$(1) \qquad n^2 = \frac{T}{4\mu l^2},$$

et, en désignant par n_0, T_0, l_0, μ_0 les éléments correspondants de la corde tonique,

$$(2) \qquad n_0^2 = \frac{T_0}{4\mu_0 l_0^2},$$

d'où, divisant (1) par (2)

$$\frac{n^2}{n_0^2} = \frac{T}{T_0}\frac{\mu_0}{\mu}\frac{l_0^2}{l^2}.$$

« Or

$$n = y = a^x \text{ et } n_0 = a^0 = 1 ;$$

on a donc

$$(2) \qquad a^{2x} = \frac{T}{T^0} \frac{\mu_0}{\mu} \frac{l_0^2}{l^2}.$$

« Supposons maintenant qu'on veuille déterminer la longueur, ou la tension, ou la densité d'une corde sonore quelconque, par rapport aux quantités correspondantes de la corde tonique, la longueur, par exemple. En supposant, dans (3), $T = T_0$, $\mu = \mu_0$, $l_0 = 1$, et prenant les logarithmes, on a :

$$x = - \log (l).$$

On obtiendra donc la longueur de la corde *sol*, par rapport à la corde *ut*, en prenant à gauche de cette dernière un intervalle égal à *ut — sol*, ou $0^m,176$, et on lira, sur le curseur, la valeur correspondante de l'ordonnée de la courbe, qui donne la longueur cherchée.

« De même, pour trouver la tension relative, la densité des cordes, etc.

« Indépendamment des applications de ce genre, qui se rencontreront en nombre égal au nombre de fois où n figure dans les formules de l'acoustique, la possibilité d'embrasser d'un coup d'œil une échelle *continue* de sons avec leurs intervalles permet de déduire de nombreuses propriétés, qui ne sauraient que difficilement apparaître à l'esprit, réduit aux seules forces du raisonnement et du calcul.

« C'est un fait bien connu, par exemple, que l'oreille est beaucoup moins difficile pour la justesse des intervalles graves que pour celle des intervalles aigus. Helmholtz attribue ce phénomène à une différence de structure dans les portions de l'organe auditif chargées de percevoir les sons de différentes hauteurs. A la seule inspection de la courbe des sons, il semble que cette hypothèse ne soit pas nécessaire. En effet, la tangente de l'angle de la courbe avec l'horizontale, ce qu'on pourrait appeler la *pente* du chemin, croît comme l'ordonnée elle-même

$$\frac{dy}{dx} = a^x \log \text{nép } (a).$$

« Il suit de là que, pour emprunter les termes du langage usuel, dans le grave, le son *monte moins vite* qu'à l'aigu ; pour un même intervalle, deux sons consécutifs aigus sont bien plus éloignés sur la courbe que les sons graves correspondants, et il est tout naturel que l'oreille les distingue mieux.

« Des considérations du même genre s'appliquent à la limite des
sons graves ou aigus perceptibles. La courbe $y = a^x$ est, comme on
sait, asymptote à la partie négative de l'axe des x. Il suit de là qu'à
partir d'une certaine limite on peut la considérer comme sensiblement parallèle à cet axe. Dans cette région, le son ne *descend* plus ;
des vibrations en nombre variable peuvent donner encore à l'oreille
cette *continuité* de sensation qui donne la sensation sonore, mais cette
sensation sonore se confond nécessairement dans l'esprit avec celle
à partir de laquelle on ne peut plus descendre.

« Pour les sons aigus, voici peut-être comment on pourrait expliquer la limite de nos perceptions. Admettons que, conformément à
l'hypothèse de Helmholtz, des organes particuliers aient pour mission

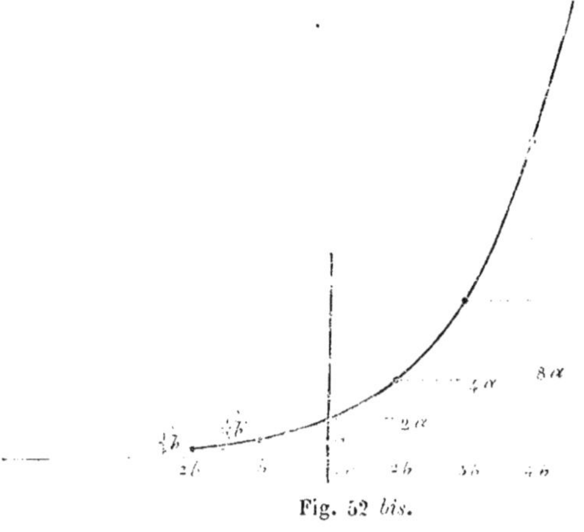

Fig. 52 *bis.*

de vibrer sous l'influence de chaque son. Ces organes, quels qu'ils
soient (Helmholtz avait d'abord attribué ce rôle aux fibres de Corti ;
dans la troisième édition de son livre, il suppose qu'il appartient aux
fibres de la *membrana basilaris*), sont assimilables, dans une certaine mesure, à des cordes sonores. Sur la courbe des sons, qui est
en même temps la courbe des longueurs de corde, on voit que, dans
la région aiguë de la gamme, ces dernières ne présentent plus que
des différences tout à fait imperceptibles ; ce sont alors les différences
de tension qui doivent entrer en jeu. Or la tension croît comme le
carré du nombre de vibrations, comme le carré de l'ordonnée de la
courbe, c'est-à-dire très-vite. Elle doit donc très-rapidement dépasser
la limite de résistance des tissus physiologiques.

« Dans tout ce qui précède, on remarquera qu'il n'a été fait aucune
hypothèse sur le nombre *absolu* de vibrations de l'*ut* pris pour point
de départ. Si les explications des différences de sensibilité de l'oreille,

de la limite inférieure des sons graves, de la limite supérieure des sons aigus, sont admissibles, il est possible d'en conclure, toujours inductivement bien entendu, que ces limites dépendent seulement de la différence des intervalles et nullement de la hauteur *absolue* des sons perçus. En d'autres termes, le hauteur des sons perceptibles extrêmes, soit au grave, soit à l'aigu, doit varier d'un animal à l'autre, de façon que l'intervalle entre les deux motive, sur la courbe, l'inclinaison *relativement* faible ou grande de la tangente par laquelle on a cherché à expliquer les limites supérieures et inférieures assignées à la perception. Pour un oiseau, par exemple, qui perçoit des sons extrêmement aigus, la limite inférieure des sons graves commencerait beaucoup plus tôt que pour l'homme, et *vice versâ*.

« On peut admettre que, pour chaque animal, la voix usuelle, la voix *parlée*, pour ainsi dire, se tient sensiblement au milieu de l'échelle des sons qu'il perçoit. En comparant minutieusement, pièce à pièce, l'appareil auditif d'un canari, par exemple, et d'un oiseau à voix relativement grave, d'une poule, d'une oie, on peut donc supposer sans trop de témérité, que les différences de structure constatées répondent à la différence de hauteur des sons perçus, et en déduire le rôle propre de chaque organe.

« Ainsi, les recherches de Hasse, postérieures à la première édition de la *Théorie physiologique de la Musique*, ont prouvé que les fibres de Corti n'existaient pas chez les oiseaux. Helmholtz a dû renoncer à leur attribuer le rôle d'organes de perception des sons simples. D'après ce qui a été dit plus haut, le *médium* de la voix des oiseaux est très-notablement plus élevé que celui de la voix humaine; il est donc probable, suivant notre raisonnement, que les oiseaux, pour lesquels les sons graves commencent à se confondre plus tôt que pour nous, perçoivent des sons beaucoup plus aigus.

« Or tout le monde peut remarquer, dans le mécanisme du piano, que les sons aigus, s'éteignant plus vite que les autres, n'ont pas besoin d'*étouffoirs*. Si on regarde comme fondée l'assimilation faite par Helmholtz de l'oreille à un clavier, il est donc assez naturel de supposer que le rôle des fibres de Corti consisterait à empêcher les vibrations de se prolonger; ce seraient les *étouffoirs* de l'oreille, étouffoirs inutiles aux oiseaux. Pour vérifier cette induction, il suffirait d'examiner l'appareil auditif d'autres animaux à voix aiguë, rats, écureuils, etc.; si les fibres de Corti leur font défaut ou seulement sont moins nombreux qu'ailleurs, l'hypothèse prendra une certaine vraisemblance.

« Ces considérations purement théoriques et spéculatives, tirées des propriétés mathématiques d'une courbe, n'ont d'autre valeur que celle de fournir un point de départ, ou plutôt un sujet de recherches à des expériences microscopiques et physiologiques intéressantes. Elles semblent de nature à suggérer un plan méthodique d'investigations des propriétés de l'appareil auditif; c'est à ce titre et à ce titre seulement que j'ai pris la liberté de les exposer ici.

« Pour terminer ce travail, la règle à calcul acoustique peut permettre d'apprécier les différentes gammes sous un point de vue différent de celui qui a été adopté jusqu'à ce jour. Prenons, par exemple, la gamme tempérée et la gamme naturelle. Dans la gamme tempérée, l'octave est partagée en douze parties égales; mais, précisément parce que ces distances, ces intervalles sont égaux, les différences de *hauteur* des ordonnées, différences qui, musicalement, se traduisent par les sons résultants, sont très-inégales et très-irrégulières. En disposant les sons de la gamme naturelle par accords parfaits, on voit les variations du son résultant se produire, au contraire, suivant une loi très-régulière; l'échelle procède par degrés, l'escalier procède par marches, dont la largeur est égale à un intervalle de quinte pour chaque pentacorde. La gamme naturelle et la gamme tempérée sont donc fondées toutes deux sur le principe de l'égalité, de la régularité des divisions; seulement, dans la première, cette régularité correspond à un phénomène *sensible*, le son résultant; tandis que, dans la seconde, l'égalité des intervalles facilite seulement la construction matérielle des instruments. Quant à la gamme pythagoricienne, où ni les intervalles ni les sons résultants ne procèdent par degrés égaux ou réguliers, c'est une échelle doublement boiteuse, qui n'a plus aucune raison d'être.

« Enfin, les considérations qui précèdent peuvent-elles s'appliquer, dans une certaine mesure, à tous les phénomènes vibratoires, et même, d'après le théorème de Fourier, à tous les phénomènes caractérisés par des mouvements périodiques? C'est ce que je laisse à de plus compétents le soin de décider. »

FIN

TABLE ALPHABÉTIQUE

DES AUTEURS ET DES MATIÈRES

FIN DE LA TABLE ALPHABÉTIQUE.